JN117411

韓国の
民主市民教育

金 世徳

HAKUEISHA

まえがき

　民主市民教育とは、私たちが住んでいる社会で民主的な権利と義務を認識し、多様な意見と価値を尊重し、共同の利益のために協力する態度と能力を学び実践する教育である。

　私たちが日常生活に直面するさまざまな問題を解決するために必要なものである。簡略に言えば、民主主義社会で生きる市民として必要な知識、態度、能力を学び実践する教育である。

　私たちが日常生活に直面するさまざまな問題や状況について批判的に考え、他人とコミュニケーションを取り、それと協力し、共同の利益と価値のために責任を持って行動するのを助けることである。

　民主市民教育に対する関心と実践が広がっている。ところが、民主市民教育が何で、民主市民教育の内容が何であるべきかについての韓国社会と教育界の合意がない。昨今の状況は、民主市民教育に対する国家レベルで合意された明確な教育課程がない状況で、各教育庁や市民社会団体あるいは専門家や教師個人によって民主市民教育が各々弱約式で推進されているものである。民主市民教育をしているのに、民主市民教育の内容が何なのかよく分からない実情だ。このような状況は望ましくなく、奇妙なことでもある。

　もちろん、多元主義社会で民主市民教育の内容は多様であり、多様でなければならない。むしろ民主市民教育の内容をこなさなければならないと政府が一方的に教育課程を指定す

ることが民主市民教育とは距離が遠く反民主的で反多元主義的な教育とも見える。

しかし、多様性がすべてを正当化してくれるわけではない。多様性もその多様性を結びつける共通性を確保しなければならない。

本書は、韓国で実施されている「民主市民教育」を振り返ってみることにより民主市民と民主市民教育とは何かについて考察しようとするものである。

また、現実的な観点から民主市民教育がなぜ必要なのか、どんな問題点があるのか、どのような原則でどのような方向に進むべきかを提示し、他国の事例が示唆することは何なのかを考察したものである。

本書は序論と結論を含む全6章から成る。序論では、本研究への動機と目的が述べられている。

第2章は、本研究の基礎となる民主市民と民主市民教育の概念について明らかにしようとしている。

第3章では、韓国の民主市民教育の実態分析を行っており、4期にわたる変遷を明らかにした。

第4章では、民主市民教育の方向を明らかにし、中期的な観点からは定着段階までを政府主導で推進し、長期的な観点からは家庭・学校での民主市民教育の強化及び市民中心の自律的な推進を提案している。

第5章では、主要国（日本、ドイツ、米国、英国、スウェーデン）の民主市民教育の実態を考察し、結論では、得られた結果をもとに民主市民教育について総合的な考察が述べられている。

では、さっそく韓国における「民主市民教育」について考えてみよう。

目次

　　　まえがき　　　　　　　　　　　　　　　　　　i

I　序論　　　　　　　　　　　　　　　　　　　　　2

II　民主市民教育の概念　　　　　　　　　　　　　5
　　1　民主市民と民主市民教育　　　　　　　　　5
　　2　民主市民教育の必要性　　　　　　　　　　13

III　韓国民主市民教育の実態分析　　　　　　　　20
　　1　変遷　　　　　　　　　　　　　　　　　　20
　　2　問題点とそれに伴う解決方策　　　　　　　29

IV　韓国の民主市民教育における提言　　　　　　49
　　1　憲法価値志向　　　　　　　　　　　　　　49
　　2　政治性排除　　　　　　　　　　　　　　　53
　　3　国民的合意の形成　　　　　　　　　　　　57
　　4　段階的に推進　　　　　　　　　　　　　　60

V　各国の民主市民教育の実態および示唆点　　　72
　　1　日本　　　　　　　　　　　　　　　　　　73
　　2　ドイツ　　　　　　　　　　　　　　　　　80
　　3　米国　　　　　　　　　　　　　　　　　　87
　　4　英国　　　　　　　　　　　　　　　　　　91
　　5　スウェーデン　　　　　　　　　　　　　　96

VI　結論　　　　　　　　　　　　　　　　　　　100
　　　あとがき　　　　　　　　　　　　　　　　103
　　　参考文献　　　　　　　　　　　　　　　　105

韓国の
民主市民教育

1 序論

　現代社会は様々な現象が発生する中で急速に変化している。共存の時代を超えて正に融合の時代といえる。このような現代社会において民主市民意識は私たちの生活を規律する主要な価値として迫っている。そのため民主市民意識を培養できる教育は研究対象として主要分野の一つにもなっている。しかし、これまで民主市民教育に対する市民の関心がそれほど高まっていないというのも現状である。

　最近、世界各地で発生している紛争、テロ、難民、飢餓、異常気象などの国際問題をはじめ韓国で発生した客船沈没事故などの一連の事件、事故などは市民意識の重要性を喚起する大切なきっかけを与える。人々は他人の行動様式に対しては批判を超える非難に近いほど市民意識の足りなさを指摘しながらも、自分の市民意識に対しては寛大である上に、その足りなさを合理化する二律背反的な態度を示している。これは市民意識が小児期から体質化されていないことにその原因があるとしか言えない。言い換えれば問題は共同体の中で自分を客観的に見る訓練、つまり、民主市民意識教育の不足に起因すると言える。

　韓国は近代から現代に至るまで政治・社会的に多くの変化を経験し、発展してきた。その他にも経済、文化、スポーツなどの様々な分野でも高速成長を成してきたが、健康な未来を担保する民主市民意識においてはその定着が十分に為され

ていないのが韓国社会の現実だ。韓国は朝鮮戦争などを経て国家政策の優先順位はもっぱら経済成長であったが、その後の民主化過程において民主主義を発展させるが、その内容というのは主に政治的民主化であった。したがって、政治的民主化に比べて民主市民意識の改革は十分に行われないまま社会的な激動期を経て現在に至った。

　だからこそ今は内面の価値の実現に目を向ける時期と言える。その一つが民主市民意識の涵養であり、その礎石となるのが民主市民教育だ。韓国は1980年代から国と市民社会団体などを中心にその必要性を認識し、多様な階層を対象に民主市民教育を実施してきた。しかし、民主主義の実現や関連制度案内中心の教育に偏った傾向があった。民主主義の実現と民主市民意識教育は密接に関係している。民主市民意識の中に民主主義の理念が内包されていることも、またその反対の可能性も考えられるため、その密接性が今まで実施してきた民主市民教育や民主市民意識において滋養分になったことも否定できない。これからは民主市民教育をより多様な分野から深めていくことにより専門性を以って推進しなければならない。

　幸い韓国社会は、今、民主市民教育の重要性と必要性についてはある程度合意が形成されていると見受けられる。しかし、制度整備、専門性強化、組織・財政確保など構造的に解決しなければならない課題も多い。特に民主市民教育の本質となる内容の中で何を教育すればいいのか、その社会的な合意形成に関しては研究が必要とされる。そのためには「民主市民」と「民主市民教育」の定義を概念化しなければならない。これは定義化し難い議題だ。民主市民教育が定着してい

る国の場合もさほど変わらない。国ごとに民主市民教育が導入された背景や政治・社会環境が異なり、同じ国の中でもその時代に要求される価値は異なり、しかも変化していくからだ。また民主市民教育は法律、経済、科学のように特定されている分野でもなく、短期間で習得する知識でもない。

　最近になって関連学会、学者、市民団体などが中心となり関連研究を活発に進めている。しかし、これは研究主体のアプローチ方法、認識の違いなどによってその定義が多様に論議される領域であるため、その体系的な確立には限界があり、効率的に実行段階へ進捗させるには困難がある。民主市民教育が現在の韓国社会をさらに成熟させ、国家発展の原動力として作用するのは間違いないが、それは専門分野として定着していない。

　本書の研究目的は、民主市民教育が固定化した他の分野の付随的な領域ではなく、一つの専門化した固有の分野として位置づけられてほしいという願望を持ちつつ、韓国で実施されている民主市民教育を振り返ってみることで民主市民と民主市民教育を考察しようとするものだ。また現実的な観点から民主市民教育がなぜ必要なのか、どんな問題点があるのか、どのような原則でどのような方向に進むべきかを提示し、他の国の事例が示唆することは何であるのかをも考察することにある。

　ちなみに、本書では意味は大きくは異ならないものであるが、観点によって「市民（性）教育」「政治教育」「世界市民教育」「社会教育」などに分けて使われている用語を民主市民教育という領域に入るものとして「民主市民教育」という用語とした。また空間的・制度的枠組みに制約されがちな「国

民」という用語を避け、本書に合致する「市民」という用語
を使った。

Ⅱ 民主市民教育の概念

1 民主市民と民主市民教育

1-1. 民主市民

　まず市民の概念について考える必要がある。該当する時代
においてどのような位置でどのような役割を持ったかによっ
てその定義も異なっていた。過去、ギリシャの都市国家以来
多くの学者がそれを定義[1]してきたが、市民というのを一言で
定義するのは難しいことだ。もちろん市民意識を備えている
かによってその国に住むすべての人が市民ではないと言えな
いことと同じように、人間として世の中に生まれた瞬間市民
になれる。時代別、国家別に市民の定義は様々な意味を持っ
て現代まで至った。古代ギリシャではポリスの構成員として
一定の年齢以上の男子で政治過程に直接参加した特権階級
を、古代ローマでは投票権・公務担任権が付与された特権階

1　Aristoteles はポリス（polis）という共同体と調和に生きる人を、Cicero は公人
　としての義務に強調を置いており、Niccolo Machiavelli は勇猛さに、Robespierre
　は腐敗しないことに焦点を置いて市民を定義した（『民主市民教育』, 韓国教育
　開発院, 1994年）。

級を、近代には富を蓄積したブルジョア階級で市民革命を主導した階層を意味した。

　現代社会では社会全体構成員を意味し誰でも地域、性、民族、人種、宗教、貧富、文化的環境に関係なく市民として生まれ市民としての権利と義務を持つ。しかし、これは市民の形式的な意味に過ぎないもので本当の意味の市民とは言えない。市民は自分に先天的に与えられた権利を基に時代、環境などによって後天的に付与された権利と義務を自律的に行使する者であり、社会共同体の構成員の一人としてその公民的な役割を果たす者である。つまり、共同体で要求される時代精神への責任を持って生きている者と解釈できる。

　市民としての権利と義務を果たすかは民主市民とは異なる次元の問題だ。個々人が市民としての役割をするためには積極的に育てなければならない要素が多い。要するに「市民精神」「市民性」「公共意識」[2] であるが本書では「市民意識」と

2　キム・テヨン（2015年）は公共意識を次のように説明している。辞書的な意味で公共意識とは「多くの人が関与して多くの人が関係する仕事を共にするという考え」に整理することができる。つまり、公共意識は共同体生活を営むのに必要な素養をいう。公共意識は狭い意味としては地域社会、共同体水準で主人意識を持ちお互いに配慮して惜しんで信頼して協力するものであり、広い意味では韓国社会の全体水準で主人意識を持つことだ。人類社会全体に拡大した可能性もあるという概念だ。共同体生活をしながら自分を省察して人を信じて配慮して協力し責任を負うという考えや行動を一緒に交わって公共意識と整理できる。また今日の市民意識という公共意識は個人が実際共同体の主人公だという点を強調する。その結果ほとんどの国家共同体は民主共和国を志向して個人が共同体全体の主人公だという強い主人意識を持つならば我々の社会はさらに成熟して豊かになる。私たち皆が韓国社会の持ち主である公共意識の確立は選択ではなく必須の問題であり、当為的要請という点を共有しなければならない時点だ（「公共意識が社会を豊かに作る」『東亜日報』, 2015年11月30日）。

通称する。Derek Heaterは望ましい市民に必要な機能として知性と判断、意思疎通能力、そして行為能力を提示した。イ・ギョンヒ（2010年）は「市民意識は『人間資本』でありながら『社会的資本』であり、個人が持っている社会的資本の一要素として社会が要求することについて個人が照応するものであると同時にそれを表す外部的表現の一部分である。したがって、市民意識は個人が市民としての人生を営むため、社会的な競争力を強化し民主主義を強固化するため必須的に求められる」と言った。

　市民意識は、社会の中で追求しなければならない包括的価値であり健全な民主主義の土壌になる。そのために市民意識を遵法精神、主権意識、共同体意識、倫理意識、利他心などから見つけることもある。しかし、すべての人間が普遍的な市民意識を備えることはできない。人間は育った環境、生活の背景、生きてきた過程、現実の生活などによって自分と他人に適用する市民意識が異なるからだ。市民意識の形成は高い倫理意識、相当な水準の知識・知恵、利他主義、合理的で理性的な思考力、実践力を要求しない。市民として備えなければならない要素と価値観は社会現象によって生成・変化して消滅しているからだ。例えば法律をよく守り他人を配慮し多くのお金を寄付し相手の立場をよく理解し共感しているからといってその人が一生市民意識を備えていると言えるだろうか。そのようなものはその時代によって要求される価値或は時代精神の一つだ。凶悪でない品性、他人に害を与えないように努める心、自分を考える前に相手を考えようとする心を基に共に生きていく各々が為すべき役割・道理を放任しない姿勢で臨めば少なくとも市民としての資質と意識は備え

たと見なされる[3]。

　自らの行動、思考には自己合理化する傾向が強いが、他人の言動には厳格な基準で評価しているのではないかという自己反省、社会の複雑多様性によって派生する葛藤・異質性を自己中心的な見方でなく相手の立場或は共同体の立場から考えて理解しようとする開かれた姿勢、このような利他的な心構えが市民意識の出発点だと言える。

　したがって、民主市民とは当代に要求される市民意識を持って行動する者、行動しようとする意識がある者と定義するのが妥当である。

1-2. 民主市民教育

　韓国の民主主義は、1987年第9次憲法改正による大統領直選制以降政治体制と制度の変革、市民の参加などに支えられ飛躍的な発展を遂げてきた。しかし、政治、教育、福祉などの政治志向によってその政策が変わる恐れのある部門では今だに社会的葛藤が続いているのも事実だ。国家政策は多様な意見に分かれて衝突しながら発展、完成していく一方、政治的利害得失を考慮したアプローチ戦略によって消耗的な葛藤に転落する場合も時々見られる。対話と妥協の調整力不足、異なる価値観の理解不足、集団間の利害関係の衝突などによって合理的で生産的な政治力が要求される分野が多いという事

3　イ・ギョンヒ（2010年）は民主市民が備えるべき資質を認知的要素（理性的な意思疎通能力、自律的判断能力、民主的意思決定能力、批判的・反省的思考能力）、定義的要素（人間の尊厳性、寛容、共同体意識、責任感、他者に対する配慮）、行動的要素（積極的で自発的な参加、自主的な規制運動、法・規則の遵守能力など）に分けて提示した。

実は民主主義が未完成である反証でもある。民主主義は葛藤と妥協することで成長、発展し完成するものであるからだ。

　現代社会は、数多くの葛藤要素と協力して解決しなければならない課題が存在しその課題は持続的に発生する。民主主義を基にする民主市民教育は社会現象の中で現れる葛藤要素と解決課題を事前予防・治癒し調整する、つまり、合意の過程を体得する訓練する教育と言える。この過程には相手に対する尊重と理解、収容姿勢、広い包容力などが要求されるが民主市民教育はこのような姿勢を涵養させ意思決定の過程を理解できるようにするメカニズム（mechanism）とも言える。自分と他人、個人と共同体の立場で、普遍的、常識的、一般的な価値を共有することで解決策を共に模索する過程である。このような過程を通じて自己満足と幸福感を感じ他人と共感することで共同体構成員としての人生を歩むことになる。イ・ギョンヒ（2010年）は「幸福は、一人だけの満足感では充足できない。人間の究極的な幸せは、自分の成就が共同体の成就に繋がることであり、そのつながりの輪は民主市民教育だ」と言う。

　また、民主市民教育を政治教育的な側面を強調し国民が国家の主権者として国家と地域社会で起きている政治現象に関する客観的知識を備えて政治状況を正しく判断し、批判意識を持って政治過程に参加し責任を負う政治行為が出来るように家庭、学校、社会で習得するあらゆる過程であるとも言う[4]。

　民主市民教育の目標は、市民一人一人の価値観の変化を通じて社会、国家、世界という共同体の構成員として必要な基

4　韓国民主市民教育学会『民主市民生活用語辞典』, 遺風出版社, 1998年, p.128.

本的であり当然な道理と規範・規則を学習させそれを守ることである。民主市民教育を通じて健全で成熟した社会を作り不要な社会葛藤現象を最小化し社会統合に貢献し、究極的には国家発展ひいては世界平和を成し遂げる役割を果たす構成員を育てなければならない。シン・ヒョンシク（2012年）も「民主市民教育は地域や階層、各社会活動領域において民主市民の活動力量を内面化し、真の市民的主体性を涵養し、大韓民国の民主主義的社会統合を強化することで国家と社会全般にわたって持続可能な発展動力を拡充し市民各自にはより質の高い生活を享受させるのがその最終目標と言える」と言う。チャ・ミョンゼ（2003年）は「民主市民教育の目標はある社会の構成員としてその社会が持っている特性、歴史的形成過程、未来に対する展望、そしてその社会の構成に必要な基本的な規範と規則を学習させ市民自ら共同体の成立が可能な最小限の価値観と判断指標を定め行動するように誘導する。社会、政治、経済、文化などの学制統合的な性格が強調されている」と言う。

　ただし、民主市民教育はいくつかの原則を持って接近する必要がある。

　第一に、民主主義の基本精神に合致しなければならない。民主主義を志向している国家は民主的な精神とそれを基に作られた規範で発展していく。手続的・実質的な民主主義の完成のためには制度、自由、参加、権利や義務、安全、平等、福祉、人権など数多くの価値が共存し調和しながら維持されるべきだ。このような価値が実現、保障されるためには譲歩、理解、妥協、調整力が要求されるが、このような能力を培養するのが民主市民教育だ。民主市民教育は民主主義を完成す

るために必要不可欠な過程の一つであるために民主主義を基にしなければならない。

第二に、イデオロギー（Ideology）に拘束されてはならない。近現代史はイデオロギーの歴史と言っても過言ではないほどイデオロギーが及ぼす影響は非常に大きかったと言える。しかし、今、世界は変わっている。イデオロギーの対決は旧時代の遺物になってしまった。旧ソ連の崩壊と中国の資本主義の引き受けが端的な例だ。現在まで韓国をはじめ世界はイデオロギーによって葛藤・紛争など多くの消耗的費用を費やしてきており今もイデオロギーの枠から完全に自由でないことも事実だ。民主市民教育はイデオロギー、階層の調和を遂げていく過程において一つの手段だ。イデオロギーが介入すると教育目的が変質する余地を作り、そのため葛藤要因となる可能性もあるからだ。

第三に、普遍性を持たなければならない。専門的な知識や技術を学ぶ過程ではなく基本的なルール（rule）の価値を再確認し、個人がどうやって守っていくべきかを模索する過程である社会において一般的、普遍的な価値領域に限る必要がある。

第四に、世界は一つの共同体という認識から出発しなければならない。今までの民主市民教育は一つの国家という空間的枠組みで企画、推進されてきた傾向があった。昨今の世界は融合の時代だ。世界化による多文化現象、科学の発達などによるグローバルイシューが随時多発的に発生している。これからも益々こういう傾向は大きくなるはずだ。世界は一つという観点から協議して対応、解決しなければならない。ゆえに民主市民教育は世界市民の育成とも言える。今は私たち

の思考の領域を自己、家族、社会、国家という地域共同体から世界共同体へと広めなければならない。この他にも民主市民教育において自発性、専門性[5]の原則を主張した人もいる。

　一方、民主市民教育は民主主義教育[6]とは違う方向からアプローチする必要がある。そうでなければ民主市民教育の本質は政治教育へと転倒してしまう恐れがあるからだ。場合によっては民主市民教育を民主主義教育領域内の一分野として見たりするが、民主市民教育とは人間が生まれる瞬間から市民として家庭、学校、社会の中で調和を為して生きるのに必要な価値観、態度、能力を学び民主市民として生まれ変わる過程である。だからこそ民主市民教育は民主主義教育よりもっと包括的な観点から考察しなければならない。

5　チョ・チャンレ（2012年）は「現代社会の多元化、個人化の傾向に照らして見ると一方的な政治宣伝や広告に志向をおいたプログラムや行事はこれ以上学習者たちから自発的な興味や関心を集めたり正当性を認められにくいという点と密接な関連があり、民主市民教育が学習者の市民たちの自発的な参加を通じて行われば政治と社会に対する彼らの政治的知識は向上し、これを通じて彼らの政治的役割に対する認識も新たに認識するものとみられる」とし、自発性原則を、ホ・ヨンシク（2008年）は「情報化社会、知識基盤社会やサービス社会に特徴られる21世紀に民主市民教育が正当性と効率性を持って活性化されるためには専門性の原則が要請を受けている」とした。

6　民主主義教育は教育の目標、内容、方法だけでなく教育政策、制度など教育全般に民主主義の実現を目標とし、その過程が民主的であるべきことを目指す教育全般を指す（グヮク・ビョンソンほか『民主市民教育』,韓国教育開発院,1994年5月）。

2　民主市民教育の必要性

　最近になって世界は経済、文化など多方面で地域化、グローバル化する反面、他方では細分化、異質化しながら変化している。世界経済のグローバル化は所得格差、二極化をも招いている。韓国の近現代史も日帝強占期が終わってからも韓国戦争など多くの社会変動を経験し、60年代以降にも産業化を通じて高度成長を遂げ、民主化過程を通じて多くの変革を経験した。この過程で西欧式民主主義を導入し多くの政治的発展が為されたのも事実だが、経済中心の発展政策により市民意識における発展は相対的に遅れていることも否定できない。もちろん学校教育を通じてある程度の成果は出しているが、これも大学入試に偏った教育内容によって民主市民教育の領域は次第に縮小されてきている。経済など外形的な面と内面的な意識において均衡的な発展が成し遂げられなかったことから特定の問題の解決のために多くの社会的費用が費やされ調整が必要なことが多く発生した。

　どの国でも諸事情によって民主市民教育の必要性は継続的に提起されている。そのためそれぞれの方式で民主市民教育を実施している。韓国の場合も民主市民教育が必要がないほど市民意識水準が満足できるものだとは評価できないのが現状だ。

　社会であれ国家であれ、ある集団の中で民主市民の資質を備えた市民が多ければ多いほど健全な社会に近いと言うことができる。健全な社会であればあるほど問題が発生した時、葛藤を助長し分裂するよりは問題を克服し再発防止のための

対策を設ける。つまり、民主市民教育の目指すところは健全な社会・国家・世界を作るところにある。

民主市民教育がなぜ必要かについては様々な主張があり、今までの研究が唱えていることと同質のことを述べているところもあるが、本書では大きく 5 つに分けて見ることにする。

第一に、民主政治の発展が挙げられる。民主市民教育は民主主義の発展、すなわち政治発展の根幹になるためだ。他の先進国も内容は多少違ってもその国の実情に適合したそれぞれの方式で民主市民教育を実施しており、市民に必要な基本理念、価値態度や行動様式を習得させて国家または社会の責任ある構成員として養成している。こうやって成長した市民は民主主義の根源である選挙への参加を通じて政治社会の中で政治文化を直接的・間接的に習得し経験することで民主主義の実現の担当者としての役割と義務を果たすようになる。多くの市民の参加が健全な政治文化を作り、過去の様々な国の例で見られたように独裁、不正を予防し国民主権国家としての完全な民主主義の実現の土台にもなる。つまり、民主主義の基盤づくりの踏み台の役割をし、政治体制の効率性を向上することで政治体制の安定化に寄与することができる。政治体制の安定化は国家・社会の安定化とも直結する。

第二に、社会統合に寄与することができる。昨今の社会は理念、宗教、人種など異質かつ多様な階層の共存によって多くの紛争が発生するなど同じ集団内でも不平等[7]、両極化現象とともに葛藤・分裂が繰り返されている。また対話と妥協に

---

7 プリンストン大学（Princeton University）アンガスディトン（Angus Deaton）教授は「不平等は人たちに動機付けをする良い面もあるが度を過ぎれば民主主義を脅かす悪い結果を生む恐れがある」と指摘した。

よる問題解決能力不足や調整能力不足による消耗的論争が随時に発生し残存している。協議・調整などを通じて発展していく場合もあるがその葛藤が癒されないまま傷として残る場合も多い。ある社会の成熟度は自分の考えとは違う他人の考えを受け入れる寛容の程度によって完成されていく。つまり、寛容指数が高ければ高いほどその社会は高い水準の民主社会だと言える。民主市民教育は主張する価値やイデオロギーが代弁する政治集団と協力、同調しながら反対の勢力、集団と妥協、調整し葛藤を克服することで分裂した社会を統合する方法を訓練する。もちろん、これは短期間で習得できることではないため家庭、学校、職場など社会で自然に体得できるように民主市民教育システムを構築しなければならない。韓国も憲法[8]に規定しているように調和を為して共に暮らす共和主義[9]精神を主な価値とする。ドイツ統一後の現実は我々に示唆するところが大きい。ドイツ統一は一見突然の出来事のように見えるが、1940年代後半から西方政策、東方政策[10]、統一

8　憲法第1条第1項は「大韓民国は民主共和国だ」と規定している。

9　私的利益より公的の利益を優先し、祖国に献身する自立的な公民（市民）が政治の主体にならなければならず、また国家（共和国 res publica）はこのような公民的徳（civic virtue）がなければ存在できないという見解だ（21世紀の政治学大辞典）。

10　統一前の西ドイツが推進した旧ソ連をはじめ東欧諸国との関係正常化政策をいう。1966年から東ドイツの孤立化、輸出拡大を狙って東欧に対する接近政策を推進して一部の国家と国交を回復したが旧ソ連のチェコスロバキア侵攻でドイツの統一可能性が切れ外交原則だったハルシュタイン原則（Hallstein Doctrine、旧ソ連以外の東ドイツの承認国家とは外交関係を持っていないという原則）を放棄して東欧諸国に対する接近外交を積極的に展開した。後の西ドイツ外交政策の根幹を成し、1990年この政策の究極的な目的であるドイツの統一が実現され完成された（斗山百科）。

外交という長い旅路の末に成し遂げられた成果だ。経済、軍事などの分野別に旧ソ連、米国、英国、フランスなどとの多角的な統一外交政策を展開させた結果だ。1989年ベルリンの壁の崩壊によって為された統一は、法的・地政的統一だった。しかし、25年が過ぎた今でもドイツが完全に統一されたとは考えられない。それは過去西ドイツと東ドイツの社会的統合つまり、内部統合（Inne Einheit）が現在も進行中であるからだ。西ドイツ出身と東ドイツ出身の労働者の賃金・生産性の差、東ドイツ出身者に対する西ドイツ出身者の年金負担、東ドイツ出身者の相対的アイデンティティ喪失感などまだ克服しなければならない要素が多い。

　第三に、多様性を収容できるマインドを育ててくれる。世界がグローバル化し人種、国境を越えて急速に多文化化している。韓国の場合も人口[11]の3.6%程度にあたる180万人ほどの外国人が居住している。民主市民教育は外国人または多文化家庭が居住している社会や国家に早く適応できるように法、体制、文化などを指導し意識の統一性を図る一方で、彼らを包容し理解できるマインドを育ててくれる。同じ人種が異なる文化的衝突により葛藤が生じることもあり、他の人種が同じ文化を調和的に共有することもある。韓国に居住している外国人は勤労目的で居住している場合が多い。韓国も急激な老齢化、人口減少の現象による経済労働人口の減少現象が急速に進んでいる。経済労働力減少対策の代案としてこれら人的資源を活用[12]できるインフラを構築するためにも民主

11　人口数 51,465,000人程度（2015年8月基準）。
12　2015年5月現在、韓国に滞在中の外国人労働者は93万8千人ほどで最近で

市民教育は必要だ。一方では外国人に対する積極的な移民政策[13]を検討しなければならない。また最近国際問題にイシュー化している難民[14]についても共に前向きな姿勢で考える必要がある。移民および難民の受け入れに関する緩和政策は要請者たちが使用する言語、生活習慣、考え方、行動様式、歴史観、文化などすべてが異なり、国家全体に及ぼす影響が非常に大きいため簡単に判断できる事案ではない。ただ時期的に

は毎年8万〜9万人ほどずつ増加する傾向だ。このうち男は62万6千人（66.8%）で女は31万2千人（33.2%）であり、年齢帯は30代が26万5千人ほど（28.3%）で最も多く20代が25万5千人ほど（27.2%）40代が18万7千人ほど（20.0%）50代16万4千人（17.5%）の順だ。国籍は韓国系中国人が43万7千人ほど（46.%）で最も多くベトナム万6千人（8.1%）中国人5万6千人（6.0%）北米万2千人（6.6%）インドネシア3万8千人ほど（4.1%）フィリピン3万3千人余り（3.5%）ウズベキスタン3万2千人ほど（3.4%）などがその後を継いだ。産業別では製造業が46.3%で最も多く事業・公共サービス業が19.2%卸小売業や宿泊・飲食業が19.0%建設業が9.2%だ。職業別には技能員・機械操作及び組み立ての従事者40.1%単純労務従事者31.8%サービス販売従事者11.3%管理者・専門家および関係従事者11.0%の順だ。また韓国に常駐している15歳以上の外国人は137万3千人ほどであり、韓国滞在外国人の就職率は68.3%となった（「2015年外国人雇用調査結果」, 統計庁）。

13　韓国の移民政策は法務部、外交部、保健福祉部などで分散管理しており、根幹となる法令は国籍法、出入国管理法、在韓外国人処遇基本法などだ。外国人とともに生きていく開かれた社会を構築するというビジョンを持って国家主義・民族主義的排除と統合を名分に推進している。政府の多文化政策、不法滞在者に対する対策、原住民との葛藤の解消など解決していくべき課題も抱えている。

14　韓国の難民法は難民の権利を保障し、難民申請者と認定者の処遇を改善するため2012年2月に制定され2013年7月1日から施行された。1992年「難民の地位に関する1951年条約」、「難民の地位に関する1967年議定書」に加入して1994年の出入国管理法の改正以降難民申請者を受け入れている。東南アジア国家の出身が大半でありこの間1万2千200人ほどが難民申請したが全体申請者の5%だけが難民と認められた。難民法施行以降急激に難民申請が増えているのが実情だ。難民に認定されれば基礎生活、教育、職業訓練などの支援を受けられ6ヵ月過ぎれば就職も可能だ。

国益的次元でどのような影響を及ぼすかについて公論化する社会的雰囲気を形成する必要性がある。このような政策は制度的に推進するには限界がある。何よりも外国人、多文化家庭を受容できる市民の個々人の意識変革が並行されなければならない。特に韓国のような分断国家では統一後の政治体制や社会体制の安定化を図るために民主市民教育は何よりも必要だ。韓国と北朝鮮は、70年ほど自由民主主義と共産主義という正反対の思想を土台に分断されてきたため政治は言うまでもなく経済、文化、社会など各分野で同質性を見つけるのは容易ではない。統一後の韓国と北朝鮮という二分法的思考を除去し、韓国出身の住民と北朝鮮出身の住民が和合して両立できるようにする意識変革の教育、つまり、多様性を受容できる学習が必要である。韓国出身の住民の立場では北朝鮮出身の住民が自由民主主義体制に早期に適応し物理的・心理的に安定した社会生活ができるようにメンターの役割を、北朝鮮の住民は前述のようにドイツ統一後に現れた事例が発生しないように体制への適応に受動的な姿勢から脱し、統一韓国の国民として主体的な役割を担えるまで積極的に努めなければならない。特に、統一初期・中期段階においては政治社会体制の調和・融合が切実に求められるが、民主市民教育は韓国と北朝鮮の住民のイデオロギー・意識を統合する重要な過程なのだ。

　第四に、生活の質[15]の向上をもたらす。集団の中で構成員

15　人間開発指数（HDI 1当たりの国民所得、期待寿命、教育期間のような経済や社会指標を総合して先進化の程度を評価して国家別の暮らしの質を比較する国際統計。国連毎年発表）の韓国の2015年の順位は世界188カ国のうち17位と発表した。

の階層はますます多様な形態に分化し共同化する。経済力、教育水準、職業、生活圏（地域）、価値観、世代、性別、宗教など様々な要素によって生活の満足度が違う。生活の満足度と質は比例しない場合も多い。経済力など普遍的な観点から生活が困難なっているように見えても満足度が高い人がいればその反対の場合も多い。しかし、生活の満足度は違っても一般的な生活の質は客観的にある程度評価することができる。生活の質は物質的なものと精神的なものに分けられる。個々人の基準値が異なるため直接的な評価を下すことは難しいが、一般的に経済力、健康、安全、自由、環境、文化などの水準が高いほど生活の質がよいと言える。もちろんこれらは民主市民教育によって直接的な向上をもたらせるとは言い難い。だが、民主市民教育を通じてこれらに対する期待を高めるとともに、期待に迫ろうという意識を持つように誘導し導いていくことができる。最終的にはこのような価値について多数の市民が共感し実行することで生活の質は向上する。

　第五に、国家発展及び世界平和の遠心力になるためだ。社会が分化し現れる現象の一つが自分がその社会の構成員という意識、つまり、共同体意識が薄れた市民がますます増加しているという点だ。このような考え方は自ら民主市民を放棄することで民主市民教育過程において最も大きな障害となる。民主市民教育を通じて培われた民主市民によって構成された共同体は、結局はその国の発展の中枢神経になる。政治の発展、社会統合、多様性の受容、生活の質的向上も市民個々人が民主市民としての力量を高め訓練する過程で行われるが、国家もその力で発展していく。また宗教・領土問題などによる紛争、飢餓、貧困、難民、自然災害、疾病、環境汚染

など世界共通の議題が持続的に発生しているが、こういった問題もこの力によって解決しなければならないことが多い。国際問題を解決するために国際機関などが努力しているが、これは国際機関または特定国家が解決することはできない。何よりも国際問題克服の始まりは市民個々人の心構えから始まる。しかし、グローバル化時代といっても世界のすべての人が一定水準の市民意識を持つことも難しく、それを期待するのも無理がある。それはそれぞれの国によってまたは地域別に政治・経済・文化・歴史が異なり、個々人の生活環境も異なるからだ。世界市民が国際問題に関する情報と常識を習得し、問題意識を持って解決しようとする姿勢をもって日常生活で小さいことから実践していく価値観を形成することが重要である。このような価値観を確立していくところに民主市民教育の本質があると言える。世界平和は国際問題発生の最小化とも直結する。

III 韓国民主市民教育の実態分析

1 変遷

　韓国の民主市民教育は学校教育を中心に実施されてきたが1980年代から市民社会団体、中央選挙管理委員会、国会、政府各省庁、地方自治団体と教育機関（以下「公共機関」とい

う）、公共団体、政党など多様な主体によって個別に実施されてきた。しかし、これは国または社会で満足度を高めるために共同体的な生活の営みに必要な民主市民育成を目的としたというよりは、実施主体が持っている本来の職務または機能を遂行するための目的が強かったと言える。したがって、体系的なカリキュラムや統合的な教育は行われなかったと考えられる。

また、韓国の民主市民教育関連法の一元化した法制化は前述したとおりまだ行われなかった。もちろん教育基本法など民主市民の養成の内容が含まれている個別法は多数存在する。しかし、これは民主市民教育が目的ではなく関連法制定の目的を実現するために、民主市民教育が付加的に含まれたものといえる。民主市民教育を主な内容とした単一法は存在しない。1990年初めから立法化に向けてそれまでに持続的に様々な形態で提示されてきているが、関連公共機関・団体などの意見が調整できずにいるのが実情だ。これまで立法化に向けて関連公共機関・団体などが試みた法案の主要事項は次のとおりである。

表1　民主市民教育法案の比較

発議主体	国会市民教育研究会	民主市民教育協議案(2003.6)	民主市民教育協議会／民主市民教育フォーラム（破棄）	中央選挙管理委員会
法案名	市民教育振興法	民主市民教育支援法	民主市民教育支援に関する法律	民主市民教育支援に関する法律

目的	・民主政治文化の涵養 ・自由民主主義の維持と発展	・民主政治文化の涵養 ・自由民主主義の維持と発展 ・民族統一を図る ・人類共栄の理想の実現	・多元的民主主義の理解 ・人間の尊厳性の認識 ・政治的態度決定と責任など民主市民意識、参加と協力による民主文化政策	・多元的民主主義の理解 ・共同体に対する正しい政治態度形成 ・民主市民意識 ・民主市民意識向上
所属	国務総理傘下『市民教育委員会』	国会所属『民主市民教育院』	国務総理傘下『民主市民教育委員会』	中央選挙管理委員会『民主市民教育院』
組織	・委員長は国務総理、委員は委員長が委嘱 ・事務処理のために市民教育支援団の設置 ・与野党の合意の下に国会の傘下民主市民教育院の設置	・院長、副院長を含む任期3年の理事と監査 ・理事会：7人の学術諮問委員会 ・法施行の必要事項国会規則適用	・任期3年の15人以内の過半数の民間人、委員長互選 ・当然職次官級以上公務員任命 ・韓国民主市民センター事務局 ・交渉団体各2人の評価団	・任期3年の当然職と選出職委員9人と12人の学術委員会 ・次官級の民主市民教育院長（開放型） ・定員及び分掌事務は中央選管委規則適用
財政	68億規模	国会の拠出金国会予算の経費支援	国家、地方自治体の予算支援	国庫、基金及び後援会

出典：ソン・チャンシク, 2004年, p101.

韓国の民主市民教育の全般的な展開過程は次のように4段階の時期に区分することができる。第1期（1945年〜1960年代初期）には民主市民教育の胎動期に国民の民主主義に対する熱望と米国式民主主義が我々の民族的教育理念に導入された。国家に対する忠誠心涵養が目的であり、国民一人一人を民主市民として育成するよりは体制維持強化に焦点が当てられた時期だ。第2期（1960年代初期〜1980年代後期）は民主市民教育の葛藤期に表現することができる。官主導の「国民教育」と民主導の「市民教育」が共存し対立した時期だ。第3期（1990年代〜2002年）は民主市民教育の制度化を推進した時期である。市民団体が推進した各種民主市民教育（環境教育、消費者教育、民主主義教育、経済教育など）が本格化する時期だった。また韓国民主市民教育学会が設立され民主市民教育に情熱を持った学者たちと市民団体による民主市民教育法案[16]を制度化しようとする努力が試みられた時期だった。しかしこの後、民主市民教育に対する必要性と重要性に対する認識不足、制度化による費用問題、関連団体の意見の相違などで制度化案の樹立への合意は為されなかった。最後の第4期（2003年〜現在）は民主市民教育の制度的構築を推進する段階である。この時期に注目する特徴は中央選挙管理委員会の選挙研修院が民主市民教育のための舵取り役を担当することである[17]。「民主市民教育支援に関する法律」を準

16　1997年10月31日、学者らが中心となって「民主市民教育支援法案」を与党、野党国会議員52人が議員の発議で国会運営委員会に上程したが第15代国会の任期満了で自動に廃棄された（ソ・ジュンウォン, 2000:143；シン・ドゥチョル, 2004:122）。

17　シム・イクソプ「民主市民教育の必要性と接近方法」『済州特別自治道民主市民教育支援条例制定に向けた政策討論会の資料集』, 2008年.

備し立法化を推進する過程にあり「世界一流国家の建設のための健康な民主市民の養成」というビジョンによって「国民と共にする民主市民教育、未来を準備する成果創出型人材養成」などを目標に韓国内だけでなく他国の選挙関係者などを対象に積極的に民主市民教育を推進している。

　今度はどのような内容で民主市民教育が行われたのか、行われているのか調べる必要がある。それは今後の制度化の過程において何が民主市民教育なのか定義する時、重要な含意を持っているからだ。

　まず、学校教育においての民主市民教育について見てみよう。韓国教育開発院から学校に提示した民主市民教育の原則は「第一に、民主主義教育は民主主義の基本概念と価値、そして民主的生活方式を営むことができる態度などをその教育の主な目標、内容とする教育であり、第二に、教師と学生が尊い人間として尊重される条件を合わせていく教育であり、第三に、学生たちが彼らの生活と直結する問題解決においてその解決の主体者として自律的に決定できる能力を向上させる学習経験を多く提供する教育であり、第四に、多様性を尊重する教育であり、第五に、疎外される学生、教師、学校を生じさせない教育でなければならないこと、第六に、創意性、批判的思考、合理的な意思決定能力など当面の問題を賢明に解決できる精神力を啓発する教育であり、第七に、ある特定教科分野の努力だけではその成果を収めることができない教育」だと言っている。しかし、教育現場でこのような原則の基に民主市民教育が実施されているのかは再考する余地がある。入試重視の教育によって民主市民教育領域が縮小される場合もあり、担当科目の教師の理念や性向によって多少違う

ように表出され、受け入れる生徒の立場から他の価値に変質
される場合もあるはずだ。

　民主市民教育を担当する科目は一般の社会、道徳、国史、
世界史、国民倫理、地理、政治・経済、社会・文化、共通
社会、人間社会と環境、韓国近現代史などに変化してきた。
民主市民教育は民主市民としての資質を養成する教育だ。韓
国教育開発院で提示した民主市民の資質は人間の尊厳性の認
識、基本的生活習慣や秩序意識の内面化、民主的手続きと過
程への熟達、合理的な意思決定能力などだ。もちろん韓国の
教科書に示されている内容も大きく変わらない。民主市民教
育内容を見ると「公民的態度」「民主的生活方式や生活態度」
などから1960年代は「民主政治の本質」「韓国の憲法」「我が
国の民主政治」へ1973年には「我が国の現実と民族中興」へ、
1981年には「正しい社会生活」「個人と社会生活」が加わり、
個人という用語が登場した。1992年には「現代市民生活と民
主政治」「市民生活と法」「市民の政治参加と政治過程」「我
が国の政治形態」「国際関係と韓国民主政治課題」などが登
場した。この時から市民と政治参加という概念が現れ「市民
の政治参加と政治過程」においては市民社会の政治化、政治
過程で利益集団と政党、世論と民主政治、市民の政治参加と
選挙などについて学習するようになった。2000年代に入って
からは「韓国政治の発展課題」が加わり、韓国の発展課題と
関連するものとしては民主的政治文化、民族統一の課題につ
いても学習するようになった[18]。

　時代によって政治または社会的状況とも密接な関連のある

18　コ・ソンギュ「学校の教科で政治・選挙学習内容と民主市民教」, 2014年.

概念が導入されていくということがわかる。韓国の学生を対象にした民主市民教育は政治教育と不可分の関係であり、政治教育は民主市民教育の出発点ともいえる。民主市民の育成は民主主義の実現の根本である政治参加[19]によって始まると

19　韓国の教科書では政治参加の主な概念を「主権者である国民が政治現象に対する関心を持って政治過程に参加したり政治決定の過程に参加する現象をいう。さらに政治参加は政治的意思決定に影響を及ぼすすべての行動、政治活動に対する支持を送ったり反対する行動などを含む。現代社会は全てが複雑に変わったことで国民の多元的利益が表出されて、多様な利益を政策に反映するための努力が展開されている。これは政策決定過程に影響力を行使して自分たちの要求を貫徹させようとしている。また社会が分化して専門化され市民が政治に参加しようとする程度はより増えていくことになるのだ。現代民主主義は国民主権を基本原理とする。主権者の国民の意思が政治過程に反映されなければならないことは主権者である国民の意思に合致する過程だ。またそれを通じて政治権力に正当性を付与し、独裁権力を防止する役割を担当する。しかし、市民が政治に参加することが無制限的に保障されることはなく法で定めた正当な手続きと方法内でのみ可能である。違法的な手段を動員したり脱法的行為を通じて自分たちの要求を貫徹させることは望ましい政治参加方法ではないのだ。また市民の政治参加の方法としては第一に、選挙を通じた参加の方法だ。選挙は代議政治の勝敗がかかったものと市民自らが候補者として立候補したり有権者になって候補者を選択できる方法だ。第二に、現代代議制民主政治制の限界を補完する方法で国民の政治的意思を問う国民投票を通じて参加する方法がある。国民投票は国民の意思が直接政治に影響を及ぼすものとして直接民主主義の要素を持っている。第三に、世論と言論活動を通じた参加の方法だ。国民が主導的に政治的世論を形成して国民の政治的意思を政界に渡して正しい政治が具現化できるようにする。第四は、市民社会団体を通じて参加する方法だ。これは市民が政治に参加する最も持続的かつ安定的な方法で自分の意思と類似した目的を持つ団体を支持、後援することで政治に参加することができる。第五は、自分の意思を集会やデモを通じて表出したのだ。自分と意思をともにする国民が一緒に集まって意思を結集して結集された意思を表現する方法だ。第六は、国家に対する請願を通じて政治に参加する方法がある。請願は国家に文書で一定の行為を要求して国家は必ずこれを審査する義務を付与しているが請願も国民の政治参加の一つの方法になりかねない」とした（『統合論述概念語辞典翰林学士』, 青書出版, 2007年12月15日）。

言っても過言ではない。しかし、現代では民主市民が単に政治に参加するだけでは不十分なことは自明だ。だから学校教育においても時代的な流れに沿って民主市民教育領域に多様な価値を盛り込んだ教育内容を反映してきており、今後とも変化していくはずだ。

　次は各公共機関・団体などで実施している民主市民教育内容について見てみる。現在中央選挙管理委員会の選挙研修院[20]、国会事務処研修局（議員研修院）、統一教育院、国家の生涯教育振興院、国家人権委員会、両性平等教育振興院、文化芸術教育振興院、各地方自治体、民主平和統一諮問会議、民主化運動記念事業会などでも実施中或は推進中である。また多少性格は異なるが各政党、各種市民（社会）団体などでも実施している。

　中央選挙管理委員会の選挙研修院では市民が有権者だという認識を基に多くの市民が公的問題に関心を持ち、その合理的な判断ができる能力を培養することで、究極的には健全な批判意識を備えた理性的で能動的な有権者を養成することに主眼を置いて実施している。政党・選挙関係者課程、教員・市民社会団体・大学生などの有権者課程、学生などの未来の有権者課程、多文化・北朝鮮離脱住民などの韓国社会定着支援課程、民主市民教育専門講師の課程などさまざまな階層を

20　1996年選挙管理委員会所属の公務員と政党の事務関係者らに対する教育と研修目的に設立された教育訓練機関に2000年以降金権・不正選挙と不法政治資金を根絶するための制度整備案とともに自由で公正な選挙を通じて正しい政治指導者を選出するためには市民の政治意識が根底にならなければならないという認識が拡大し業務領域を一般市民を対象にした民主市民教育分野に拡大して実施している民主市民教育機関だ。2003年から2014年現在まで182,930回8,857,000人ほどを対象に実施した。

対象に需要者中心的な参加型教育を通じて、彼らの政治意識を鼓吹させるために多様なプログラムを開発・運営している。国会事務処研修局は議会政治の構造と特徴を広報して議会政治に応える民主市民の養成を目的に、一般市民を対象にした1日国会体験研修プログラムを運営し、地方自治体が運営している住民を対象に教育課程や施設運営に教育資料や講師を支援している。統一教育院は統一環境が次第に発展・形成されていくにつれ、統一に備えて望ましい統一韓国の未来像を樹立するため社会統一教育課程、学校統一教育課程、南北交流協力過程、公職者統一教育課程などに構成し実施している。国家の生涯教育振興院は国家の国民に対する生涯教育振興事業の推進の主務機関であるが、国民の生涯教育を活性化を目的に運営している。成人識字教育支援[21]、多文化認識向上のためのコンテンツ開発などの事業を推進している。国家人権委員会は人間の尊厳と価値を具現し、民主的基本秩序を確立する活動をしており、両性平等教育振興院は男女差別意識と慣行を改善して性別に関係なく個人の能力と素質を開発できる社会的環境を助成する教育事業などを推進している。文化芸術教育振興院は文化芸術教育を活性化し国民の創意性を涵養する事業などを実施しており、その他の機関・地方自治体や市民団体などでも市民、所属の構成員・住民たちを対象とし

---

21 国民基礎能力向上と社会的統合の実現に向けて低学歴の成人に第2の教育機会を提供して非成人の安定的な学習環境を構築する推進する事業。識字能力はすべての教育の土台となる人間生活の最も基本的な能力で個人が教育を受けることができる権利を実現する基本前提の下で人間の成長、社会経済的発展、民主主義の価値の実現に向けて備えなければならない基礎能力であり、すべての国民が持つべき権利をいう（国家生涯教育振興院のホームページ，www.nile.or.kr）。

て活動目的と連携し独自に様々な形で民主市民教育を実施している。

2 問題点とそれに伴う解決方策

　民主市民教育は民主市民教育に関する合意形成、支援法律の作成、民主市民教育に対する定義の確立、実施主体間の連携体制の構築、専門性と公正な意識を備えた講師の確保、時代の流れに応えるコンテンツ開発など早急に解決しなければならない様々な問題点と争点があるにもかかわらず、公共機関などでは充実に実施されていると言える。これは民主市民教育の必要性、緊急性などその重要性によるものである。
　ホ・ヨンシク（2004年）は韓国の民主市民教育の展開過程において一般的に抱えている主要問題点とその課題と解決方策を以下のように整理した。

表2 民主市民教育の問題点及び課題と解決方策

問題点	課題と解決方策
① 一致（inconsistency） ・理論と実践、認知的側面（知識・機能）と情緒的な側面（価値・態度）の間の不一致又は乖離 ・内面化や実践的な生活化の不足	・学習参加者の能動的経験と体験、実践的活動を鼓舞させる学習機会提供 ・体験学習、活動志向学習、自己主導的学習、参加者志向の学習原理強調 ・知、徳、体を調和的に備えた人間、「総体的理性」を備えた人間の養成期待

② 道具化（instrumentalization）	
・民主市民教育の政治的従属性 ・民主市民教育の「教育論理」に対する「政治論理」の支配 ・教育が政治の道具に利用される危険性	・教育担当機関の多元性・非党派性・独立性志向 ・教育主体の自律化・多様化・特性化を奨励 ・教育の内在的論理認定および尊重、教育の自律性の保障
③ 無関心（indifference）	
・権威（主義）的な政治文化 ・民主市民教育に対する政治指導者の無関心	・権威的な政治文化の克服 ・民主市民教育に対する政治指導者たちの関心と責任意識、支援の意志を促す ・市民社会と公論の場の活性化
④ 制度的不備（institutional deficit）	
・学校教育と社会教育、家庭・学校・社会水準で行われる民主市民教育の連携性確保のための制度的条件の不十分	・国民全体を対象とした民主市民教育の実現のための専担機構の設置 ・従来の教育機関と団体の活動支援のための法的・制度的条件作る
⑤ 認識の欠如（incognizance）	
・複合的危険社会の特徴を克服して、世界化・情報化・多元化社会への変動過程に能動的に対処するための方策としての民主市民教育に対する認識と意識の不足	・社会変動に適応して未来社会に備えるための民主市民教育の重要性と必要性についての啓蒙活動展開 ・適合した広報と拡散の戦略の講究および実践

　韓国で民主市民教育が活性化し定着するためには上記のような問題点を含め様々な課題が解決されなければならないが、本書では3つに大別して指摘し、その解決策を設けるためにはどのように推進するのが効果的なのかについて考察する。

2-1. 民主市民教育に対する社会的共感形成の不十分や正しい理解不足

　民主主義が定着しつつあり、完成段階に達したと見られる国ではすでに民主市民教育に対する必要性を認識し、かなり前から国家主導或は市民団体などで自主的に民主市民教育が実施されている。韓国の場合はその必要性には共感しているものの市民各自が積極的に参加、主導する形態はまだ見られない。それは、民主市民教育に対する社会的共感が広く形成されていなく正しい理解が不足していることに起因する。それは衣食住問題、文化生活の享受、政治問題、スポーツなど他の分野に押されて関心が薄れてしまっていると見たほうが正確だ。市民意識については、我々の実生活に最も密接な関連がありながらも直接的な利害関係がなければ第三者的立場から眺めているというのも事実だ。

　民主市民教育は、実施主体によって政治教育、生涯教育、両性平等教育、統一教育、文化芸術教育、経済教育、法教育など様々な内容で所管業務によって教育課程が開設され実施されている。しかし、これは実施主体や被教育者の見方によって民主市民教育の領域に見られたりも別の特定分野の教育と見られたりもする。実質的に各界各層を対象に民主市民教育が実施されているにもかかわらず、それを肌で感じることは難しい。これは民主市民教育とは何かが定義されていないことに起因する。民主市民教育の定義が為されなければ立法化に障害要因として作用する恐れがあり、コントロールタワーの役割をする主務機関を定めることにも限界があり効率的な推進は困難になる。何よりも市民の関心と共感を得るた

めには民主市民教育とは何であってどのような内容を教育するかを明確にし再照明しなければならない。チョ・チャンレ（2012年）は「民主市民教育正義の多様性は幅広い学習機会を広げてくれるという面では利点がある半面、民主市民教育内容における不一致は民主市民教育の一貫性や統一性の欠如に至らせて民主市民教育体系の全般に混乱を惹起させたのも事実だ」と言い、民主市民教育内容の不一致によってもたらされる問題点を指摘した。民主市民教育が民主市民育成という基本概念には異論がない。しかし、果たしてどのような内容を教育すれば民主市民として養成することができるかについては学者、専門家、市民によっては異なるはずだ。イ・ビョンジュンの他何人かの学者たちは民主市民教育の内容を個人的次元、市民社会的次元、民主主義という3つの次元から次のように分類した。

表3　民主市民教育の核心力量実践模型

3段階	民主主義の力量 Democratic Competency（民主主義）		
1	多様性尊重	多元主義	・多様性／差異認定、似合い／調和
		寛容	・理解、許し
2	参加意識	政治的活動	・投票／選挙参加、闘争、政治参加 ・政治意識、抵抗精神、社会的関心 ・NGO 活動
		市民活動	・地域社会参加、協同、所属感 ・共同体意識、連帯、分かち合い、奉仕

		メディアの力量	・アクセス、批判的モニタリング ・メディア活用
		民主的意思決定	・手続き的合理性、コミュニケーション ・批判能力 ・葛藤調整能力、他人の意見拝聴 ・自律的思考、討論能力、調整能力
3	世界市民性	多文化的力量	・共存、多文化尊重
		世界市民意識	・統合的談論、持続可能発展の力量
2段階	市民性の力量 Citizenship Competency（市民社会）		
1	国家アイデンティティ	国家意識	・愛国心、忠誠心 ・正しい国家観（民主主義に対する信念）
		歴史意識	・アイデンティティ、正しい歴史意識 ・韓国の歴史に対する自負心
2	権利と責任意識	遵法（規範遵守）	・責任感、義務感、遵法精神 ・従順（順応）、厳格さ、権威尊重 ・基礎法知識、公的義務の充実 ・社会的責任
		道徳性、良心	・正義感、透明性、道徳性、正直性
		権利意識	・権利認識、権利主張、権利を尊重
3	信頼と評価	信頼感	・公共性、公益性、相互信頼
		平等	・機会均等、公正性／公平性、独占反対 ・少数者の権利を尊重
		尊重	・配慮、人権尊重、共感

1段階	核心力量 Key Competency（個人）	
1	自律的行動	・自信感、自己調節の力量、忍耐力、独創力、決定能力 ・柔軟性、変化を楽しむ、チャンスを作ってできる自信感
2	他人との効果的な相互作用の力量	・共感能力、責任感、チームワーク／協力能力、紛争・仲裁技術 ・コミュニケーション能力、批判の処理能力
3	言語・工学技術など道具の包括的使用の力量	・学習能力、計画能力、組織力、問題解決力 ・反省（反芻）能力、文脈的思考力、操作技術 ・革新の意志、分析能力、判断能力／批判力

出典：イ・ビョンジュンほか, 2008年, p.170.

　民主市民教育が市民に十分な合意を得られなかったもう一つの原因は、民主市民教育は政権維持および政権獲得のための合理化次元で実施されるものであるという偏見と誤解だ。価値判断の基準をイデオロギーの枠組みでアプローチした過去から脱皮し、民主市民教育をなぜ実施しているのか、何を教育するのかなどその正しい理解が必要である。

　最近、民主市民教育への関心と重要性に気づくようになったのは皮肉にも社会的に大きな反響を及ぼした事件・事故である。あるきっかけでその必要性に気づき要求される市民意識は時間が経過すると消滅する性格を持っている。我々は何故民主市民教育がこの社会に切実に求められるのかという問題意識を基に家庭、学校で民主市民教育の必要性に関する認

識を共有し、自律・他律的に学習しなければならない。家庭と学校で培われた市民意識が社会において民主市民意識として昇華する社会的な雰囲気を造成しなければならない。家庭では言葉と行動において私の家族という自己中心主義から脱皮し利他主義、共同主義の意識を高揚させるよう日常化するべきであり、学校では後述するが、何らかの形で民主市民の育成教育への比重を高めなければならない。そうすると自然的に民主市民意識への関心と理解度も高まって日常生活における実践も体質化される。また成人を対象に実施されている民主市民教育の社会費用も相当節減されるはずだ。

　過去においては事件・事故やイシューが発生するとその本質自体に焦点が当てられた。このごろは SNS などの発達で意見又は観点の差が拡大再生産し世論が社会に大きな影響を及ぼす。これは歪曲され不要な世論を助長し社会葛藤や分裂などの副作用をもたらすが、一方では市民意識として昇華することもある。インターネット技術など科学の発展が民主市民意識への関心を高め、鼓吹させる先兵の役割をすることもある。このインターネット媒体をうまく活用できる案づくりも必要だ。教育方法だけでなく、TV、新聞といったマスコミのような不特定多数の大衆を対象にする媒体を活用し、民主市民教育の関心と社会的な共感を形成するように誘導しなければならない。

　各公共機関で実施する各種教育においても趣味・教養・専門素養教育に劣らないほど民主市民教育にも多くの比重を置かなければならない。国民一人一人が共同体的な生活が営める民主市民として養成されることでようやく国も社会も発展する。一国家が先進国になるためには経済力、軍事力のみならず

民主政治の完成度、文化などのあらゆる分野が均等に発展され
なければならない。もちろん、国民一人一人の民主市民意識水
準も同じように重要だ。今、民主市民教育はこれ以上延期する
ことのできない社会的・国家的課題に直面している。ある問題
が生じた場合、副作用を最小化し、解決できるのは何よりもそ
の社会に生きる市民の個々人が持っている市民意識の水準で
あることを自覚し、市民意識があるきっかけで訪れる一過性の
ものではなく、普段個々人と社会の底辺に潜んでいる当時の社
会を支えていく価値観として認識し定着させるべきだ。

　本書では、民主市民教育の定義を弘益人間思想[22]と関連し
て探ってみたい。現代の社会においては人間は自由主義と個
人主義を基に生活をしている。人間は、時には個人の利益追
求のために他人の利益を侵害したり共同の善を無視したりし
ながら生活する。このような過度の自己中心的な自由主義と
個人主義の行動様式は、民主市民意識の欠如から始まると考
えられる。民主市民教育は不足した民主市民意識を補充し、
すべての人間が一つの社会の中でお互いを認めながら自由で
豊かに暮せる社会を作っていく過程の必要な手段である。ま
た民主市民教育の目的は弘益人間の思想という韓国の建国理
念と大きく変わらないものであり、その理念と通じているも
のと言える。要するに弘益人間の思想は現代社会で必要とす
る民主市民の養成に応える共同体の思想に根を置いているか

22　「広く人間を有利にする」という意味で韓国民族の思想的な根であり建国理
　　念である。人間尊重の思想を土台としている。人間は社会を構成し、生きな
　　がら社会は個人一人だけでなく多くの人の集合体というが弘益人間の思想は
　　私一人だけの利己的な欲がなく何人もの人が共通的利益を尊重して保護し、
　　ひいては他人を利するという利他主義思想が敷かれている。

らだ。韓国の教育基本法第2条（教育理念）でも「教育は弘益人間の理念の基に全ての国民が人格を陶冶し、自主的な生活能力と民主市民として必要な資質を涵養することで人間らしい生活を営むようにし、民主国家発展と人類共栄理想の実現への貢献を目的とする」と規定し、弘益人間の理念を教育の基本精神とした。

　民主市民教育の定義は様々であろうが、その意味は大同小異であるはずだ。しかし、民主市民意識教育の社会的共感の確保のためには民主市民意識の定義を明確にし、どのような内容であり、何のための教育なのかを正しく理解できるようにし、そのための啓蒙活動も積極的に展開する必要がある。

2-2. 一本化された民主市民教育支援関連法の不備

　前述したとおり、現在の民主市民教育は関連法によって関係機関や団体の職務または活動目的に合致するように推進される傾向を見せている。民主市民の育成を目的とする関連内容を含めている現行の法律とその主要内容を見てみよう。

　教育基本法は、憲法精神を具体化し教育の目的が民主市民として必要な資質を備えるようにしたことを明らかにすることで民主市民教育の必要性を含蓄しており、生涯教育法は社会教育法を全面改正し従来の社会教育よりさらに広い概念を以って民主市民教育を含めた職業能力向上の教育、人文教養教育、文化芸術教育などを包括して支援する。統一教育支援法[23]にも自由民主主義に関する信念と、民族共同体意

23　第3条第1項で「統一教育は自由民主的基本秩序を守護して平和的統一を志向する方向で実施されなければならない」と統一教育の基本原則を明らかにしている。

識や健全な安保観を土台に統一を成し遂げるために必要な
価値観と態度を培わせる統一教育の実施の根拠の規定が設
けられている。このほか公職選挙法による選挙教育、文化芸
術教育振興法による文化芸術教育、住民自治センターを通じ
た地方（住民）自治教育、放送法によるメディア教育、環境
教育振興法による環境教育、法教育支援法による法教育、経
済教育振興法による経済教育、女性発展基本法による両性平
等教育、国家人権委員会の人権教育などを通じて民主市民教
育を実施している[24]。

　しかし、このように民主市民教育の関連内容を個別的に規
定して当該法律の所管機関や団体で同教育と連携して独自に
民主市民教育を並行するのは非効率的であり、需要者の市民
の立場からも民主市民教育に関する理解、学習度が落ちて結
局民主市民教育への認識の共感形成に限界をもたらす。また、

24　チョン・ハユン（2014年）は統一支援法は統一が実現される時点を前後して
　一定の時期までに適用される一時的かつ補充的な性格を持っていて、他律的
　な性格を持つという点で自発的で幅広い討論を志向する民主市民教育との違
　いを見せており、統一に重点を置くかあるいは自由民主主義と民族共同体意
　識に重点を置くかについての設定が不明だという問題を提起している。経済
　教育支援法、環境教育振興法は特定階層の利害を代弁したり政権広報手段と
　して利用される余地があり独自のプログラムだけを進行するのに不足すると
　いう点で包括的な民主市民教育とは違うとしながら次のような論争点を提
　起した。まず既に様々な法に根拠を持つ教育活動が適切に支援されており、
　様々な教育活動の傘の概念としての民主市民教育に対する法的根拠を設定す
　ることは必要ないという立場が成立することができる。反面、このような活
　動を体系的に高めるためには民主市民教育支援法が必要だという態度もやは
　り成立することができる。また特定分野に限られた制度化では生活民主主義
　を・・しなければならない民主市民教育を完全に消化できないので、民主市
　民教育の統合性と体系性を具備する一種の基本法の形で民主市民教育の制度
　化が必要だという立場も存在するとした。

その対象を見ても特定階層[25]に偏重されていることがわかる。民主市民教育の認識を広めるためには特定階層よりは一般大衆・市民を対象に拡大し教育方法を多様化して推進しなければならないのにもかかわらず、現実は主に直接対面教育に比重を置いて実施されている。不特定多数を対象にできる媒体、例えば放送やメディア・インターネット等を通じての講演及び討論、マスコミのコラムなどを活用するなど多角的な方法を取って推進しなければならない。

したがって、このように個別的に規定されている教育又は当該教育支援に関する規定を整理して関連法を一元化する必要がある。

過去における韓国の民主市民教育は対象だけでなくその内容においても政治体制の安定性確保、儒教思想を基にした倫理思想の鼓吹、国民としての権利・義務の行事勧奨など国民教育の性格が強い。また今まで学習の需要者の市民の自発性による自己主導的な実施は行われず、実施主体による学習参加者の選定及び募集、カリキュラムの構成、講師の選定などが決まるといった一方的な傾向を見せているのも事実だ。そ

25　民主市民教育対象は全市民が主な対象であるが、そのことは物理的に不可能であるため実施主体や団体などと関連性のある対象に特定して実施している。実施主体機関・団体の利害関係者または関連者、社会または世論主導層、教員、政党員、学生、多文化家庭、脱北者、女性、市民団体会員などが主な対象だ。もちろんなりにはその教育対象者の役割から関連性を持って対象を特定した相当な理由があるだろう。実施主体機関・団体の利害関係者または関連者の場合には所管事務の円滑な推進及び広報・啓蒙、社会または世論主導層の場合、生活周辺における先導的役割への期待、教員は未来の有権者に対する指導者としての波及の可能性、政党員の場合は現実政治への直接参加者・世論形成者としての役割、多文化家庭や脱北者は韓国社会の早期定着支援などの理由により教育対象者に選別したことが分かる。

のために被教育者と講師や教育内容の不調和によって需要者のレベルと要求に合致した中身が充実した教育が為されない場合もあり、その効果も期待に応じない状況が発生する。これからは一方的な教育方式を止揚し、需要者の立場を考慮しなければならない。

　現代を一般的に疎通の時代と言う。疎通の不在による世代、階層、地域などにおける社会葛藤を頻繁に経験している。相互疎通しようとする開かれた姿勢も民主市民として重要な徳目の一つだ。民主市民教育の実行過程も同様である。需要者の市民や団体なども消極的立場から脱し実施機関・団体に学習主題や内容を積極的に要求[26]し、実施主体はそれに合わせた適合型教育を推進することで両者において双方向構造になるよう教育システムを改善しなければならない。

　また、民主市民教育を学校教育という公教育だけに任せて推進することは、学校教育政策上または入試という現実的な壁が存在するなどさまざまな困難がある。そのために学校教育と並行して民主市民教育を制度の中で推進するのが効率的であるという共感を基に、その代案を設けようと関連機関又は団体などで関連法の制度化に努めている。民主市民教育の活性化、体系的推進および支援のためにも関連法が可能な限り早めに設けられるべきだと誰もが共感する。

　それにもかかわらず、立法化されず足踏み状態に止まっているのは民主市民教育を政治的な観点からアプローチしたこ

26　イ・ヘジュ（2010年）は「学習者の市民たちは可能ならば自分たちが自ら学習のテーマや内容を探し出した自己主導的な方法を行われなければならない」としながら需要者の自律性と役割に意味を置いた。

とが一番大きな原因だ。つまり、民主市民教育の定義が何で
あり、誰が実施すべきかが制度的に確立されなかったからだ。
民主市民教育は「何を教育しなければならないのか」が本質
の一つだ。関連法案は民主市民教育が効率的に推進されるよ
う支援することを目的としている。

　しかし、実施主体および教育内容によって政治的中立性の
確保への懸念、教育支援や教授方法などによる意見の相違、
それまでに制度化を推進しようとした機関や団体が先取りし
ようとする利害関係などが優先され現在の状態に滞っている
と言える。民主市民教育支援関連法の制度化はそれまでの議
論や推進過程で示されたように実施主体の確立、従来のそ
の他の教育との差別性または同質性の確保、他の法律との重
複または衝突問題など解決しなければならない問題があるに
もかかわらず、制度化が必要であるということにはある程度
合意が為されたと見られる。しかし、誰がどのような内容を
持ってどのような方式にするかは未だ社会的合意が為されて
いない。政府による主導がいいのか市民団体による主導がい
いのかはそれなりの長所と短所があるはずだ。実施主体はい
ずれにせよ制度化を早期に解決しなければならない。これに
ホ・ヨンシク（2008年）は「制度的条件を当面設けることが
難しければ、少なくとも既存の様々な政府機関や団体の活動
を積極的に支援できる条件の確保が求められる」と言った。
現実的な状況を考慮すれば、憲法機関でありながらこれまで
多様な階層を対象に教育を実施し政治的中立性においても市
民が同意する中央選挙管理委員会傘下の選挙研修院を専担機
構化し、各機関などと協力して推進することも一つの代案と
なる。

今からでも政派的ではなく超党的な立場で一部の政治志向的な市民社会団体とこれに同調する階層などの政治的利害関係を排除し、市民が参加する公聴会や討論会などによる社会的合意過程を経て制度化を論じると容易に法制化の実現は為されるはずだ。特定階層だけでなく一般市民全体をカバーする専門機構と政治状況の変化があっても民主市民教育の定義は変わらず時代または社会の変化に即した教育内容を定立し、市民の誰もが共感できるように関連制度を設けなければならない。

2-3.　時代流れに相応するカリキュラム不足

　現代は人権、失業、福祉、環境、少子高齢化[27]、貧富の格差など時代を共に暮らしている市民として関心を持たなければならない問題が多い。さらに他の国・文化を認めない歪曲された民族主義、社会犯罪に対する放置、人権・疎外階層への無関心、無秩序、利己心、不平不満、自殺、家庭内暴力、暴

27　韓国と日本のいずれも少子高齢化という深刻な難題に直面している。韓国は超低出産国に合計出産率（女性1人が一生に生むと予想される平均子供数）は1.2だ。65歳以上の老齢人口が総人口に占める割合は13％がますます高まるものと推定される。少子化の原因としては所得の増加と女性の教育と経済参加が活発になり発生するしかない経済・社会の変化の結果だ。子どもを養育する物質的費用と養育の時間のために放棄しなければならない機会費用も大きくなり子供の数を減らし、少ない数の子供をしっかり育てようとして、特に女性の労働市場への参加が増え賃金所得が高くなり出産率は低くなる。女性の雇用率を高め、経済成長を阻害せず出産率を高める総合的な対策が必要である（イ・ジョンファ「国家生存のための少子化総合対策が必要である」『中央日報』, 2015年11月6日）。低出産による人口減少は高齢化を加速化し、これは経済規模の縮小につながり国家競争力が自然的に落ちるのは当然ということだ。

力性、二分法的思考など個々人の意識変化または治癒しなければならない心理的要素も多い。このような問題と克服すべき要素を民主市民教育の領域で扱うのは当然だ。だが、民主主義が成熟した先進国と言える国もやはり民主市民教育を政治教育に中心を置いて推進してきた側面が強い。韓国も民主主義の発展と実現という大義名分の下で公教育を通じた政治参加教育の性格が強かった。

　またカリキュラムも民主市民教育の実施初期から大きく前進していない実情だ。いままでは民主市民教育のカリキュラムを特定化するのが難しい側面があった。カリキュラムは需要者の要求に応えて構成されたり実施主体機関・団体などの職務遂行のために構成されたりするが、いままでの韓国民主市民教育は後者に近いと言える。需要者がなぜ教育を受けようとするのか教育を通じて何を得たいかに焦点を合わせて計画を立て、その結果は、どうだったのかなどを考慮してカリキュラムを構成しなければならない。もちろん学校教育はその特性上カリキュラムがある程度定型化するしかない構造である。成人を対象とする社会教育または成人教育[28]の枠内で

28　主に成人学習者を対象に能力を啓発して知識の理解を高め、機能や専門的資質を向上させようとする一連の組織的な教育活動を言い、社会教育という用語は教育が行われる空間概念に重点を置いて学校の外の社会で行われる教育という意味で韓国と日本で使用される。英語使用権の国では成人を対象とする教育だという点を強調して「成人教育」と呼ぶことが普遍的だ。米国を中心に非形式的教育（nonformal education）という用語も使われていたがこれは学校教育が制度の枠組みの中で厳格な形式性を維持しているのとは対照的に社会教育が形式性が低い点を強調してこのように呼ばれた。しかし、社会教育の用語、概念、定義に関しては論争が絶えていない。これは200年間学校を中心の公教育システムが世界を支配してきながら学校制度圏外の教育は学問的関心が少なかったためだ。本格的な学術的関心が提起されたのは20世

の民主市民教育は準備段階においてその要因を分析し、結果を評価して構成しなければならないが、それは民主市民教育の定義を基に時代の流れと社会の現状に合致するカリキュラムを開発して波及し、これに適合した市民を養成する過程として進化させる必要性がある。

　現代と未来社会で要求される価値観を培養できるより幅広い分野の進展を図る時期になった。今、民主市民教育は公教育において行われる政治教育だという典型的な枠組みから脱し、日常生活で自ら体得できる実践教育として定着しなければならない。

　カリキュラムの開発には今の時代の流れに応じる価値が反映されなければならない。その価値は道徳性、多様性、社会性、市民性など多様な観点から見つけられるが、本書では「公共性」から模索する。現代社会を支えているのが公共性であるためだ。公共性の辞典的意味は「一個人や団体ではなく一般社会構成員全体にあまねく関連する性質」と定義されている。しかし、民主市民教育の領域でこのように定義するのは多少足りない感がある。公共性の概念は多様に定義されるはずだ。ファン・ギョンシク（1998年）は「他人を配慮する共存の倫理であり、合理的利己主義者間の紳士協定であり調整原理として提示される最小限の倫理」だと言い、ジャン・ヨンホ（2007年）はこのほかに「見知らぬ他人に配慮する心とその実践」だと言い、それは自発的に実践することだとも言う。また公共性の本質を「他人を配慮するために自分の欲求

紀半ば以降だ。欧米諸国で大学に社会教育学科を設置するようになったのは1960年代からで学問としての社会教育はまだ成長段階にある（ソウル大学教育研究所編『教育学用語辞典』, ハウドンソル, 1995年6月）。

を控える緊張感であり道徳性、多様性にもかかわらず、社会の維持に必要な規範については同じ声を出さなければならないという普遍性、私益を認めながらも公益優先の姿勢を追求する公益性、自由で平等な市民の自律的思惟や判断による意思疎通を通じて是非と適合・不適合を判断する批判性、自発的に実行しなければならないという実践性」を含むものであると定義した。

　本書では、公共性を「公的な領域において公益を追求していく思考」と定義する。地域社会、国家、世界は様々な公的現象が自然的にも人為的にも発生、消滅していく。この過程で利害得失による葛藤と紛争も絶えず発生する。葛藤と紛争はどうやって公共に得を与えるかという観点によるアプローチで調整、解決することでようやく構成員に信頼され認められることができる。しかし、今までの韓国社会は個人の権利を享受しながらも、公共性が何かを感じて実践することにもこれを訓練することにも怠っていたと言える。公的な部分には関心を持たずに個人の利益に関心を持って集中する公共性の欠乏現象も依然としている。したがって、民主市民教育を通じて公共性の観点から社会現象を理性的に見る識見と均衡的な思考力に武装させ合理的に解決していく能力を訓練するカリキュラムが必要である。

　民主市民教育のカリキュラムの構成に当たってはその他の教育とは違う注意を要する。民主市民教育がどのように定義されるかによって政治教育に偏重したり国民教育の性格に変質したり教養教育化したりするからだ。民主市民教育概念や定義を基に教育目標を設定しこれを具現化する国家及び社会的現実も考慮しなければならない。今後は研究領域だけでは

なく大学などでの学問分野として進展するようにその基盤を造成しなければならない。そして少なくとも民主市民教育の定義を確立する過程においては社会的合意を成し遂げなければならない。政府、市民や市民団体、学者、専門家グループ、教師、生徒の父母、生徒、政界などの関係者が一緒に討議、導き出した結果を公聴会、世論の収斂などを通じて国民からの同意を得なければならない。そうでなければ国民からの共感を得ることができないからだ。

　私たちは今までの画一的な価値観だけでは理解しがたいさまざまな現象と見方が共存する雑種性（hybridity）の時代に生きている。このような現象などを理解して共有するためにはこれまでの伝統的な家庭・学校教育だけでは不十分である環境問題など世界各国のすべての国が一緒に解決しなければならない中長期的な問題もあり、難民、貧困、宗教、イデオロギーをめぐる紛争、疾病、テロ、売買婚など早急に解決しなければならない懸案も多い。このような国際的な問題とイシューを広い観点から眺める識見や眼目を培わせ世界化する潮流に符合する市民としての力量を備えさせるのも民主市民教育の重要な機能である。学者によってはこれを世界市民教育[29]と言う。

　韓国の学校教育にも世界の市民教育が登場し市民団体や非政府機関も地球共通問題解決のために世界市民としての教育を主唱しながら関心を寄せようとしている。しかし、世界市

29　ベ・ヨンジュ（2013年）は「世界市民教育はもうこの時代の教育の一つのテーゼとして国際問題の解消に積極的に行動できる人を育てる教育と理解されている」とした（「世界市民の役割課題を中心とした世界市民教育の再構想」『教育科学研究』第44集第2号, 2013年）。

民と民主市民を別々に定義することは難しく、本書では敢え
て区別する必要性もないため民主市民の範疇に世界市民[30]が
含まれると理解する。世界市民として備えなければならない
価値観と徳目は民主市民として備えなければならない価値観
と徳目とも一脈通じるものだ。

　世界の民主市民とは、グローバルマインドを持って開かれ
た心で他のことを理解し共生し、国際問題に関心を持って問
題の解決に向けて実践する市民、そのような意識を持ってい
る市民である。そのためには世界文化に対する幅広い教養と
知識が要求されるが、これは必要条件ではない。世界的な現
象と潮流を理解しようとする姿勢とそれにアプローチする見
方が何より重要だ。このような時代的な流れに追いつき身に
つけるマインドを育てると時代に遅れを取らない。つまり、
時代的には未来を空間的には世界を志向しなければならな
い。国際問題は継続的に新たな問題が発生する。そのため民
主市民教育カリキュラムに国際問題に対する常識を理解させ
る基礎的な知識をはじめとする国際的な流れを把握できる識
見を育てる教養教育も含めなければならない。

30　世界市民の概念の起源は紀元前3世紀 Diogenes が自分を都市国家やギリシャ
　　市民の代わりに世界市民と規定して始まり Stoa 学派を経て Dante, Kant など
　　啓蒙主義、そして世界市民主義（cosmopolitanism）に受け継がれている。
　　全世界を一つの共同体として認識しその中で構成員の平等して調和の取れた
　　暮らしの追求を強調する世界市民主義は、世界各地に様々な形で散らばって
　　暮らす人同士の空間的距離と文化的な違いを克服が可能かどうか強い懐疑に
　　包まれたり、時には欧州の帝国主義的膨張の意図を隠蔽しようとするイデオ
　　ロギーで批判されたりもしたがそれにもかかわらず、世界共同体の形成が望
　　ましくまた十分に可能という主張につながってくるようになる〔Appiah.A.
　　Cosmopolitanism: Ethics in a World of Strangers, 2008年.（実践哲学研究会訳
　　『世界市民主義』, ソウル：バイブックス , 2006年）〕。

もう一つ、カリキュラムの構成において主要要素の一つが専門講師の確保である。民主市民教育の講師が備えるべき徳目は政治・経済・文化等他分野の専門性とは違う見方を以ってアプローチする姿勢だ。もちろん民主市民教育を研究する学者・専門家または成人を対象とする各分野の社会教育専門講師も多い。

　しかし、民主市民教育を担当することの出来る専門講師はそれほど十分ではない。また行動する実践家としての専門性を備えた民主市民の人事の確保も容易ではない。民主市民教育の特性によって専門講師としての制約要件も他の分野より多い。民主市民教育講師としての最も重要な徳目の一つが政治傾向を示してはいけないことだ。高いレベルの専門性を備えていても自分の政治傾向を示す人事は民主市民教育講師としては望ましくない。民主市民教育に政治傾向が現れる瞬間民主市民教育の意味は薄れ特定政権の維持または反対のための保守・進歩に区別されるイデオロギー教育へと変質してしまう。この他にも道徳性など備えるべき徳目も多い。そのような徳目を兼備した人物を発掘するのも容易ではなく、養成するにも多くの時間が所要される。

　民主市民教育講師の確保は長期的な視点から計画的に投資し育成しなければならない。民主市民教育を実施する主体が人材を養成し或はすでに資格要件を整えた人材を発掘して人的ネットワークを構築し活用できる方策を模索すべきだ。

　方法論においても放送・インターネット・マスコミなどを活用した講演・対談・討論会・コラム・寄稿、印刷物配布など社会的雰囲気を拡散させる多角的な方法を用いてカリキュラムを編成しなければならない。

韓国の民主市民教育における提言

　民主市民教育が活性化されるためには市民の民主市民意識水準がどの程度に至ったのかとは別に市民たちの共感形成と直結されている。したがって本章では、民主市民教育がどのような基調を基に推進されれば多数の市民の共感を得て出来るだけ早い時期に韓国社会に根づくことができるのかに力点を置いて考察したい。

1 憲法価値志向

　憲法は、国家のビジョンと歴史を込めて国民投票という形式を通じて国民の同意を得た未来志向的価値だと言える。憲法に盛り込まれた内容、含意これらは全て国民との約束だ。韓国の憲法は1948年7月12日に制定されたが同年7月17日に公布（制憲憲法[31]）されて1987年まで9回改正される。数回の改

31　韓国民族の歴史を通じて最初の憲法と位置づけられている。旧韓末ホンボム14条のように憲法的文書が作られたが、それは一部憲法的な内容を盛り込んでいるだけで国の秩序の根幹を定めている成文憲法とは評価できない。臨時政府憲法の場合には憲法レベルでの枠組みは備えていたが、正当な権限と手続きに基づいた憲法制定と見ることは難しいという問題がある。ゆえに1948年度に制定された憲法を韓国最初の憲法誕生と見るということである。自主的に憲法草案を作り、議論を経て制憲国会で議決することで完成された。しかし、その当時の政治状況により避けられない点もあっただろうが、制憲

正にも制定憲法から現行憲法に至るまで最初の条文では「大韓民国は民主共和国だ」「主権は国民にあり、全ての権力は国民から出ている」とあるが、民主主義を追求し国民主権を明示している。これは韓国が志向しようとする国家は時代が変わっても「民主共和国」であることを明確にし、国家の主人は国民であることを明らかにした。政治状況によって間接民主主義または直接民主主義の色彩の強弱は存在してきたが、その基本精神と価値は今まで持続され今後も変わらないはずだ。

　今は大半の国で民主主義制度を導入し実現している。しかし民主主義制度の導入だけでその国が民主主義国家であるとは限らない。何が民主主義であって民主主義へと繋がる道なのかはその国の国民の民主主義教育水準と政治環境によって左右される。民主主義が完成された国でも国民の生活の満足度は高くない国もあれば、民主主義へ繋がる段階の過渡期の国でも国民の幸福への満足度は高い国もある。ただし古代から現代に至るまでの世界歴史の流れを考えると民主主義を除いては高い水準の生活の満足度を期待し難いという事実は明らかだ。また、民主市民教育が志向する価値を実現するための制度は東洋と西洋、時代を問わず民主主義制度を基盤にしなければならないということは、今までの世界近現代史を通じて直接的・間接的に経験してきた。民主主義を完成させて

国会を通過した憲法について国民投票を実施しなかったはその民主的正当性の限界として残る。それでも国民の間接的承認を受けた民主的憲法として、何より韓国民族の力量を結集して成し遂げた自主的な憲法としての意味は色あせないだろう（ジャン・ヨンス「1948年憲法制定の歴史的意味」高麗大学校法学研究所, 2008年, pp.74-76）。

いくためには民主市民教育が必要であり、民主市民教育は憲法の基本原理である自由民主主義を基に行われなければならないということには異論がないはずだ。

　民主主義が韓国教育の一分野で導入されたのは1945年以降のことである。混乱期だったこの時期の時代精神は民主主義国家の建設であったが、そのためには当然民主主義教育が要求された。しかし、当時の政治体制や政治環境、国民の意識は自主的な次元の民主主義の教育を導入することには達していなかった。グゥク・ビョンソン他（1994年）は「韓国の民主主義教育は西欧式民主主義教育、特に米国の民主主義教育システムを注入する形で導入された。それでも民主主義と民主主義教育は新生韓国のしっかりとした政治理念と教育理念として受容された」と述べている。これは人類が普遍的に追求している理想、即ち人間の尊厳を民主主義の基本思想としていることと自由、公正、平等、個性の伸張など民主主義の核心的な要素が専制主義と植民地主義を脱皮しようとする新生独立国家建設の必要に符合するものだったからだ。結局主権在民の民主主義の原則を基にした国家憲法が作られることで民主主義は名実ともに新しい国の諸般の制度と生活方式を規律する原理となった。このように国家の正体を民主主義によって築いたということは、民主主義体制と秩序を私たちの方式で選択したことを意味する。したがって、教育は当然民主主義社会の形成に寄与する市民を形成する責務を持つようになった。このようにこの時から民主主義と民主主義教育はその必要性によってお互いに発展してきた。その過程で民主主義教育が政治教育、統一教育、女性社会参加教育、法教育、職業教育などの様々な分野に細分化されながら民主市民教育

へと変貌してきた。

　国家の教育義務[32]は制定憲法から現行憲法に至るまで国民に与えられた価値だ。憲法で規定している教育の範疇に民主市民教育が該当するかという異論はあるはずだ。制定憲法当時、元々この条文の趣旨は成人教育を考慮したというよりは経済力とは関係なく全国民に最小限の知識習得の機会を与えるためのものだった。現代では、国家の義務教育の範囲が知識習得を越えて職業訓練、文化芸術、教養、趣味などにまで幅広くなっている。今後ますます多様な範囲へと拡大されていくはずだ。したがって、民主市民教育のために必要となる資源を国が負担しなければならないことは、当然ながら教育を受ける権利および国家の生涯教育振興の義務という憲法的価値に符合すると判断される。すべての分野の教育の義務を国家が負担することはできない。しかし、憲法の基本精神は経済力、地域、性別、世代など階層間の相違によって国民の教育を受ける権利に差別を作ってはならないという意味の他に、国家が国民の教育を義務的に実施しなければならないという意味も含んでいる。民主市民教育は複数の場所で実施されているが、関連制度の不備による必須的に伴われる組織、財政等の人的・物的資源の確保が容易でないため効率性のある推進にも制限を受けている。したがって、民主市民教育も現実においては国家が推進するのが妥当であると考えられる。ただし、長期的に政府などの公共機関が直接主導するこ

32　憲法第31条第1項は「すべての国民は能力によって均等に教育を受ける権利を有する」、第5項は「国家は生涯教育を振興しなければならない」、第6項は「学校教育および生涯教育を含めた教育制度と運営、教育財政および教員の地位に関する基本的な事項は法律で定める」と定めている。

とで市民自らが自主的に推進、実施する構造として進められるのが望ましい。しかし、定着段階に至るまでは政府の先導的役割が求められる。民主市民教育は家庭と学校での役割が拡張し公共機関の作為による民主市民教育が要らなくなり、公共機関は外国人、脱北者などを対象に韓国社会定着に必要な最小限の領域においてだけ実施するシステムへと発展するのが最も理想的だ。

　憲法の価値と精神は民主市民教育において最高の規範であると同時に教育理念である。言い換えれば、民主市民教育の領域で扱わなければならない理念と価値は憲法が具現、保障しようとする基本精神と権利と義務を志向するものと言えるため憲法精神と価値に反したり毀損することができないのは当然だ。

2　政治性排除

　民主市民教育は特定対象または階層ではなく不特定多数つまり、一般国民・市民を対象に実施する教育であるため、前述したとおり政治性が加味されれば理念教育、思想教育に変質され政権維持または政権反対のための教育になり民主市民教育の本質が毀損される。民主市民教育は全く政治的でないこととすることはもとより政治勢力が介入できないシステムの下で推進され実施されなければならない。また政府や地方自治団体政策の広報手段があってもならない。これは当該政権の支持活動と受け止められる余地がある。政府政策などの広報は当該機関・団体で他の方法で国民に知らされるだろう。

政治的な中立性確保のためには実施主体がどこかということも重要である。実施主体によって国民の民主市民教育に対する認識と共感度が変わるためだ。

　私たちは社会生活の中での自律的にも他律的にも民主市民教育を直接的・間接的に経験したり直接参加したりもする。被教育者として教育などのきっかけを通じて学習できる機会もあり、政治活動を通じてあるいは市民団体などの構成員としてもその機会を持つ。現在実施主体によって様々な形で民主市民教育が実施されている。政治性が加味された民主市民教育も随所で実施されている。例えば、政党で実施されている党員教育もしくは党員研修などだが、これは理性的判断力を十分に備えた成人を対象にしているためむしろ民主主義国家で政党活動の活性化のために勧奨されなければならない部門だ。ただし懸念されるのは民主市民教育が韓国環境に合う形で発展していく過渡期的な状況であり政治性が加わり市民意識の培養に重点を置いた教育よりも理念学習手段に変質される恐れを完全に排除できないということだ。

　まず、市民社会団体 [33] の活動領域での民主市民教育について見てみよう。今まで市民社会団体は政治領域だけでなく民主市民教育でも多くの影響を及ぼしてきており役割を果たし

33　前章までは研究内容において「市民団体」と「市民社会団体」と区別することに大きな意味がないため区別せず「市民団体」と統一して使用してきた。本章ではこれまで韓国で市民社会団体が行ってきた政治活動、市民運動などを考慮すると前章までと同様に「市民団体」と称することよりは「市民社会団体」と記述することが適正であると考え、やむを得ず区別して使用した。市民社会という用語に初めて正確な理論的根拠を与えた人はロックだが、彼は自由で平等な個人が社会契約によって構成する社会を市民社会と定義してこれを政府と区別した（Giddens, 1998年）。

てた。民主主義の定着過程は市民社会 [34] を中心として発展してきた側面もあるが、一方では一部の市民社会の古く狭い理念の枠組みに閉じ込められて行われてきた側面もある。ただ時代別にその特性と役割が違うだけだ。古代の市民社会は前述したように制限された特権階層として国家政策の意思決定に参加し、近現代では国家の政策決定に参加するというよりも批判、監視機能の側面が強い。国家政策と追求する信念や思想が類似していて当代の政府に同調する活動をする場合もある。韓国の市民社会団体は1987年民主化以降誕生し政治、経済、環境、労働、女性、文化など多くの分野で社会的問題と関連して政界との連帯、討論、集会、教育、世論造成など多彩な手段を通じて活動しながら誕生・消滅を繰り返し、その脈を繋いできた。民主市民教育分野も市民社会団体が持続的な関心を持って法律提案などの多角的な方法を通じて推進してきたが、今だに拡張性を見せず足踏み状態にとどまっている。その理由は、韓国の市民社会団体が持つ特性に起因す

34　シン・ヒョンシク（2012年）は韓国社会で市民社会という概念は第一に、「民間」という概念で公共（public）と対比される概念だ。第二に、「民衆領域」と対比する概念で、韓国社会を導いていく主導者層と中産層であるという概念だ。第三に、「第3セクター」として見ることである。市民社会を政治社会（第1セクター）、経済社会（第2セクター）と別に考えるものだ。第四に、「市民運動が展開される領域」ということである。最後に、狭い意味で「市民団体」を市民社会と呼んだりもすると言った。ホ・スミ（2010年）は市民社会は、市民の自発的な参加を通じて民主主義を発展させる原動力になるとともに、自由に自分の利益を追求する多様な人々の集合体で構成されるために、多くの葛藤を生み出すという否定的な特性を持っているとする。したがって、市民社会が持っている二重性、非合理性、イデオロギーに対する過敏性、経済論理による歪曲の可能性の問題を市民性教育を通じて克服しなければならないとした。

ると言える。韓国の市民社会団体には歴史が短いにもかかわらず、他の国に比べて活発に活動してきた。これは政党がその役目を果たせなく市民の欲求を満たしていない面もあるが、他方では市民社会団体の活動家らの政治的性向に起因したところもある。つまり、市民社会団体がその団体の固有目的の達成に向けた活動と同様に政治性を持って活動をしたために、民主市民教育も市民社会団体が当事者また主体でありながらも進展できないまま展開されてきた。

　最近、市民社会団体に対する市民の認識の変化とインターネットなどを活用した市民の個々人の意見表示の通路が多様化しているため、市民社会団体の役割が相対的に弱体化する側面を見せている。少なくとも民主市民教育領域では市民社会団体の主導で推進するには今までの活動の過程、市民の認識度、信頼度などを考慮すると現在の韓国社会では多少無理な面がある。しかし、民主市民教育分野と現代民主主義国家において市民社会団体の影響力と役割は無視できない。政治性が排除された市民社会団体の民主市民教育は政府主導の民主市民教育とは異なり、自律性を持つという次元にその意味があり、今後の拡張性も期待される。

　ここでもう一つ懸念されるのは小・中・高等学校での民主市民教育である。人格、価値観、判断力、思考力、政治的信念などが完成されていない未成年者に対しての学校での行われる民主市民としての意識教育は非常に重要だが、どのような内容をどのような観点で受け入れるのかも重要である。政治性が加わった民主市民教育は民主市民としての資質を養成するよりは社会対立助長・同調、または援助者として培われる危険性もある。民主市民としての健全な批判力を育ててく

れる次元を超えて不平不満で社会または世界を眺める偏狭な思考力を持つ恐れがある。民主市民教育は社会を眺める視点、相違、多様性を認め、思考力を学習・訓練する過程であり、相違の是非を判断する教育ではないからだ。

　韓国社会で政治性向の違いによって発生する不要な葛藤や対立化はないと否定できない現実において民主市民教育はこうした現象を調整、解決する能力を育てる重要な役割を果たす。そのために政治性を排除することはもちろん、ひいては国家の発展と社会統合のソフトウェアの機能を果たすことができる。

3　国民的合意の形成

　民主市民教育は民主主義制を実施している様々な国ですでに研究されており、長短の歴史を持って実施されてきた。韓国の場合、市民の共感が十分でない状況で学者たちの学問研究領域としても民主市民の養成という本来の目的以外の特定目的を達成する手段として、特定の階層の訓練などの目的で実施されてきた傾向がある。近代に至っては学校教育課程を通じて接してきたにもかかわらず、民主市民教育に対する概念や教育を受けたと実感できない市民が以外と多い。その理由は民主市民教育が道徳、社会などと関連した科目に随伴するものであったことに起因するが、民主市民と民主市民教育の定義が韓国社会に正確に確立されていないことがさらに大きな理由であろう。

　最近、韓国社会で一般大衆に民主市民意識がなぜ必要か

について活発に議論されている。これは、逆説的に民主市民意識がまだ満足できる段階に至っていないことの反証でもある。満足の段階を論ずること自体が無理なほど不十分な現状である。民主市民教育に対する必要性は誰もが感じ共感しているが、問題の核心は、その必要性が他人にあると考えることである。自分の行動に対する合理化・自己愛をもとに他人を眺める二重的思考、歪曲された個人主義思想によって作動している社会は、常に後進性を免れないだけでなく危機に直面した時その対応力が弱いはずだ。先進化した社会は民主市民意識の評価尺度が個人のポジションによって変わらない。近代になって急速な産業化、民主化を経験しながら内面的な意識は民主社会と民主国家を成立するのにやや乏しかったのも事実だ。急激な社会変動によって既存の価値観が崩壊され新たな価値観が確立されない時に現れるアノミー（Anomie）現象も究極的には市民意識の欠如が原因である[35]。

　国民的共感を得られる民主市民教育とは何かは韓国だけでなく民主市民教育の歴史の期間に関係なく他の国々でも明確に定義されて推進している事例は多くない。民主市民教育の

35　ジャン・ヨンホ（2007年）はアノミーの根源的な原因を韓国社会に内在された「公共性の欠乏」ためだと主張しながら「公共性の危機すなわち、市民的資質としての公共性概念の不足とその実践的不足は既成世代と青少年世代のいずれにも該当する深刻な問題点だ。また公共性の概念は多元主義社会に適合した多元性（個別性）の中でも普遍性を担保できなければならず、日常の生活で自発的に実践されなければならない。普遍性の概念は現実的に公益性という姿で現れ、公益性が公共性とは言えない。公益が向上して物質水準が豊かになったとしても必ずしも望ましい社会になるわけではないからだ。多様な批判的意見が交換する疎通があり、少数の人権も尊重されてこそ健全な公共性が形成されかねないからだ。後者の実践性の最も基本的な形は公共秩序を守る基本生活態度の習慣化だ」とした。

定義については学問的にも多くの研究が進められているにもかかわらず、果たして国民の合意をどれほど受けているかという問い掛けには肯定的な答えを得ることが容易ではない。それは国ごとに民主市民教育の実施背景や目的が時代別に政治の状況によって異なるためだ。韓国の場合も同じだ。政治の安定化・政治参加推奨目的の政治教育から教養・趣味教育、基礎秩序など遵法精神教育のような様々な目的または同質の目的でありながらも時代的環境によってそのメッセージを異にして実施されてきたため国民に「民主市民教育は何だ」という認識は明確に刻印されていない。

　だから国民的共感を得られる民主市民教育とは何かについて研究し、国民的合意点を見つけなければならない。民主市民教育の概念または定義に関する研究は、既に相当部分で進捗している。まずその国の現実に相応する民主市民教育に関するビジョンについて悩み、答えを導出、提示することから出発しなければならない。そしてそのビジョンについて討論会、公聴会、世論収斂、アンケート調査等の方法を通じて国民的同意を得なければならない。

　昨今の韓国社会が持っている問題点─貧富の差、イデオロギーの異質性、基礎秩序及び法遵守精神の不足、政治不信や無関心、自分と違うことへの偏見・未認定、自己愛中心の思考、過度な個人主義、排他心及び利己心、男女平等の不完全性、世代間の対立など─は何かを診断した上でその解決策を探るために国民にどのような思考力が要求されるか、あるいは問題に対する否定的結果を最小化することができるのは何か等について世論を形成しそれに対する最適のコンテンツを用意しなければならない。現在の韓国社会で要求される価値

観は何であるのか、遵法、公益、寄付、配慮、共感、利他心、人権、福祉、創意、参加、善など数え切れないほど多いはずだ。

このすべては究極的に市民が公共生活に備えなければならない価値観に個々人がその必要性を痛感しているにもかかわらず、無意識的または必要とする時行動することのできないために時代的に要求される使命でもある。もちろん、これらの中には韓国社会を支え発展させてきたものもありまだ初歩段階に過ぎないものもあるが、どれも軽視することはできない。以前、特定宗教団体が「私のせいだ」というチャッチフレーズで国民運動を行ったことがある。当該宗教を信じるかとは関係なく多くの国民が共感したと記憶している。特定の宗教団体が推進したことから長期間持続されなかったのは多少残念だが、国民への意識改革運動の一環として推進され国民的共感を得たことは大きな意味がある。

民主市民教育は、市民意識改革運動の性質を多分に内包していると言える。市民意識改革運動はその時代に要求される価値観を拡散・伝播する運動だ。したがって、市民意識改革運動の延長線上やその観点で民主市民教育にアプローチすると国民の合意が得られる教育への解決策を見出せるはずだ。

4 段階的に推進

4-1. 中期的観点、定着段階までは政府主導で推進

民主市民教育は主に学校教育と関連法に準拠し公共機関で

実施されている[36]。しかし、公共機関が所管事務と関連し推進する教育にはいくつかの限界がある。第一に、公共機関別に推進している主な教育目的と内容が該当機関の関連業務中心に行われ、民主市民教育に対する比重が相対的に低くなるという点だ。所管業務に比べて民主市民教育に対する認識度が高くなく財政・時間なども十分ではないため質と量的な面で制限的にならざるを得ない。第二に、公共機関別に独自に推進しているため民主市民教育に関する相互支援体系が構築され難いことから効率性が低下する構造的な問題点がある。また、予算・行政力などが重複投入される現象も招きかねない。第三に、公共機関内に民主市民教育に対する専門家の不在により外部依存性が強いため、専門的で充実していて体系的な推進に限界がある。一方市民団体の主導で実施する場合も自律性は確保されるものの市民団体の特性に応じた政治志向性、体系的な組織の不在によって短期間に終わる恐れがあり、全国的に拡散するには困難が予想される。

　いずれにせよこのような問題点にもかかわらず、韓国の民主市民教育過程や現状を考慮すると、中期的観点から市民自らによる自律的な推進よりは政府が主導することが今後の推進動力を確保するためには望ましいと考えられる。もちろん

36　キム・ギヒョン（2011年）は「民主市民教育は単に教育プログラムとしてではなく社会統合に向けた共同体の価値に対する共感帯形成、地域の問題を解決するための資源との協力基盤構築、地域社会と企業、政府など多様な教育資源と連携するための努力を含む。民主市民教育関連法は基本原則と党派的であったり特定した団体や個人の利益を擁護する教育を禁止することを明示しており、性別、宗教、障害、経済的地位による差別禁止と教育機会の平等を包括している」と分析した（「持続可能な民主市民教育発展案」社会統合と民主市民教育の討論会及びワークショップ, 2011年）。

政府が主導する場合もで前述した問題の他に自律性毀損、一方向性、不要な政治的中立性の誤解など様々な問題が発生する恐れもあるが次のような肯定的な効果もある。

　まず、市民団体で実施するより政治勢力・集団の介入の可能性が無くなり政治性が排除された本来の民主市民教育推進で市民の共感を引き出すことができる。市民団体は設立目的や活動によって他団体または政治的利害関係者などと対立・葛藤の蓋然性があり、政治勢力や政治集団と連帯して活動又は本来の設立目的と異なる方向へと変質され活動することで構成員や市民から好評を得られない恐れがある。つまり、市民団体によっては民主市民教育の実施主体として不適当な場合が発生する[37]。ある市民団体が民主市民教育を実施できるか不適合であるかを判断することも不可能だ。実施結果に関する評価も容易ではない。いくら客観的な評価要素を整え、その基準で評価をするとしても評価する主体が誰なのかも問題になる。不適合の市民団体が実施する場合、民主市民教育の本質が変わって結局は市民から良くない評価を受ける場合も排除できない。国民の反応がない民主市民教育はイベントに過ぎない。また市民団体間の利害関係の調整が容易ではないため立法化の困難なども予想される。

　第二は、民主市民教育事業の円滑な推進のためには制度的土台の上に組織、予算、行政力が要求されるが、汎政府次元で民主市民教育の支援体制を構築して効率性を向上できるという点だ。つまり、必須的に伴う人的・物的資源など行政組織のインフラを活用することが市民団体などの主導で推進す

37　特定の市民団体が自律的に推進することについては研究範囲外としている。

ることより比較的容易であるということだ。民主市民教育は特定階層ではなく全市民、全国民を対象に実施しなければならないという特性を持っている。そのため全国にわたって体系的な組織を持ち行政を遂行できる組織が当然必要となる。このような要件を満たしているのは公共機関だ。しかし、すべての公共機関が民主市民教育の実施主体になれないため関連性のある公共機関を選別し、これらの公共機関が民主市民教育を円滑に推進できるように支援し調整できる政府主導の民主市民教育担当機構が必要である。別途の担当機構で関連公共機関間の有機的な支援体制を構築し他の教育課程と連携して民主市民教育課程を組み込み、財政も支援し統合的に推進することで効率性が高まるので経済的な側面から見ても望ましい。また関連する専門家らで構成し教育プログラムの研究、開発から企画、講義、評価などすべての過程を管掌するようにしなければならない。この過程においては公共機関別に推進している民主市民教育および関連教育現況の把握、管理システムの構築、公共機関別の協力事項の協議など事前に準備しなければならない作業も並行して推進しなければならない。そのためには関連法律の整備と制定が前提としてされなければならない。公共機関間の民主市民教育に関する支援や協力の根拠規定が不十分な部分については各個別法を速やかに整備し新しい法律を通じて解決していけばよい。また地方自治体の民主市民教育支援関連条例もともに整備する必要がある。そうすると現在公共機関または市民団体別に実施している民主市民教育を統合管理ができ統一性と一貫性を持って推進できるからだ。

　第三は、専門家の養成と人的ネットワーク構成及び管理が

容易である。民主市民教育が活性化するためにはリーダーグループが豊かでなければならない。民主市民教育を担当する専門講師などの専門家を中長期的な計画を樹立して手厚く育成しなければならない。必要に応じて、関連学会や研究所に財政支援などをして専門領域として研究されるようにし関連学者などが自生的に培われるように誘導する政策を推進しなければならない。専門家はある時点で突然現れるものではなく長期間にわたって培われるものだ。可能なら民主市民教育を担当する機関で民主市民教育講師の資格制度を導入するのも検討する必要がある。全国を地域別に区分して需要に合った適正数の講師グループを養成、運営して講師の管理をしなければならない。また、地域社会で信望を受けている著名人、世論主導層など民主市民としての資質を持ち役割を果たしてきた人物を発掘し、圏域ごとに人的ネットワークを構成して彼らを民主市民の講師に活用したり、マスコミなどのコラム・寄稿などを通じて民主市民意識の拡大の伝道師として先導的役割を果たせるようにすることも考えられる。留意しなければならないのは政治関係者の排除である。また公共機関が主導する教育であるため政治家型市民運動家も排除しなければならない。時期、教育対象、教育方法、場所、役割により必要に応じて適材適所で活用できる政治性のない人的資源を確保し運用する一方、教養、趣味教育など他分野の講師に民主市民意識を鼓吹する内容の講演も包含するよう呼びかけ、多角的な方向で民主市民教育を推進しなければならない。そのためには専担機構で地域関係者及び様々な分野の講師を対象に民主市民教育を実施し、民主市民教育のグループリーダーとして養成しなければならない。

民主市民教育は中長期計画を立て段階的に推進しなければ
ならないが、中期的には社会的共感が形成される定着段階ま
で政府計画の下に専担機構で一貫性を持って体系的に公共機
関間の有機的な協力体制を構築・推進し、後述するが長期的
には民主市民意識が成長過程、日常の中で自然に体得できる
ように家庭、学校、市民が中心になって推進できる基盤を整
えるべきだ。

4-2. 長期的観点、家庭・学校での民主市民教育の強化及び市民中心の自律的推進基盤造成

　人間は、一生涯教育の中で生活するといっても過言ではな
い。生まれながら市民としての権利を持って暮らすことにな
るが、一定の時期に至るまでは原初的な本能に拘束され暮ら
していた。家庭で基礎的なことを学ぶ。話し方など基本的な
人生を生きるための方法から教育は始まる。

　民主市民の第一歩と言える人間関係における基本礼儀、社
会生活の中で守らなければならない基礎秩序・規則なども家
庭教育の枠組みで習っていく。人間は家庭で礼儀を身につけ
人間性と価値観を形成していく血縁という特殊な集団で共同
生活をし、時には葛藤しながら成長する。児童は家庭の親や
構成員を通じて人生の目的と価値、結婚や職業観、共同生活
に必要な規範と価値などを学習するが、これらは生きていく
人生観の基礎になるという点で家庭教育は非常に重要だ。そ
れでも家庭で市民として生きていくことに備えなければなら
ない人格・徳性教育をまともに実施しているかについては肯
定的な評価をすることは難しい。

　家庭での人格教育は親の過度な愛情、忙しい日常による無

関心、入試という知識中心の教育などで等閑視されている。産業化以降の産業環境の変化とともに家庭教育の様相も変化した[38]。時代によって様態だけではなく家庭教育の内容も変わることは自然な現象ではあるが、急速な産業化の発達過程において自分の家族中心的な家庭教育は過度な個人主義・利己主義の深化につながり、時には共同体生活に適合しない価値観を形成する場として否定的な作用をする面もある。

　過去には韓国での伝統的な家庭教育は大家族が共に生活しながら儒教思想を基にした規範を学習しそれを守ることを中心に実施された側面が強かった。現在は核家族化になって個人主義の傾向が強くなり、TV・インターネットの活用などで教育内容だけでなく教育方法も変化した。また良い大学への入学が人生の成功と直結されるという風潮が蔓延し、児童期から入試教育に集中する家庭教育が一般化した。親の過度な教育熱は過熱課外授業、過剰干渉、過保護などにつながり、このような環境で成長した児童は自己中心的な人間になりやすい。民主市民としての人性が養成されていく時期に入試に偏重された家庭教育によって正しい価値観が形成される機会を持たなくなる結果をもたらしている。これは、将来社会人

38　産業化以前の伝統社会においては生活と生産と教育が明確に分離されずに統合されて行われてきた。児童は家庭で生活しながら生産に関連した知識及び技能を学び、地域社会の中で社会的規範と価値を学習することができた。産業化により生産が家庭から分離され、教育の機能が家庭や教会から国家が管理して運営する体制に変化していった。生産と教育の場であった家庭は社会の専門化と分化によってその統合的機能を喪失することになったのだ。しかし、技術の加速的発達は産業社会が創出した大規模な生産方式、大衆教育制度など生産と文化を含む生活様式に変化をもたらしている（ソウル大学教育研究所『教育学用語辞典』ハウドンソル, 1995年6月）。

として社会生活を送る上で他人との不調和、社会の不適応の原因になることもある。

　子供は生まれて成長しながらその時期によって学習しなければならないセクターがある。他の子供たちとの共同生活を通じた共同体意識、遊びやスポーツを通じた健康な体力、困難を克服する過程での忍耐心と克服した際に得た達成感、口論と討論を通じた相手の理解・受容性など、知識のほかにも身に付けなければならない徳目が多い。それは大人に成長するまでは本人の意思と関係なく父母、友達など周辺の人たちを通して学習したりする。成長期に学習セクターに合う適合した徳目を指導する親の主な役目だ。

　人間は生まれてから彼が属する社会で市民としての役割を果たすまでには成長期から学習した価値観がかなりの影響を及ぼす。子供にとって家庭環境、親の役割・言動は民主市民として基礎的な資質を形成する上でとても重要だ。子どもの問題は親の問題という言葉があるように親が変わらなければ子供が変り世の中が変わる。その間は私たちは、教育は学校に入れば学ぶようになるという責任を先送りすることで放任していないか自問する必要もある。

　民主市民教育においては家庭教育は欠かせない重要な領域あり、民主市民教育は家庭から出発すると言っても過言ではない。すでに思考が完成された成人を対象に民主市民教育をするというのはそれだけ効果が薄い。成長する間に身についた思想、経験などにより受け入れられる尺度が成長期の児童、生徒たちと明確に異なるからだ。民主市民教育においては何より家庭教育の役割及び重要性を認識して成長過程から市民意識が自然に育まれる社会的なムードが形成されなけれ

ばならない。さらに関係機関や施設、関連団体などが協力し入試中心の教育が改善されるように誘導する政策を導入して養育・保育過程で人格教育を強化できる現実的な案を講じなければならない。

　韓国教育において民主市民教育が導入されたのもまた1945年以降だった。市民という概念が初めて使ったのもその時期だった[39]。民主主義をもとに民主市民教育を標榜したが解放と政府樹立など激動期のその時代状況は体系的な民主市民教育を実施することにままならなかった。韓国の民主市民に合致する民主市民教育は、1990年代以降最近のことだ。

　韓国の教育活動の根幹となる教育基本法では教育の目的は、学生らが民主市民の資質を備えることにあると明確にしている。また中学教育課程・目標及び高等学校教育目標には民主市民としての資質向上を強調している[40]。にもかかわら

39　米軍政庁は「一般命令第4号」によって中高等学校で日本帝国の修身科と公民科を廃止し新たな独立国家の市民を育てるため1946年に公民、地理、歴史、職業を総括する「社会生活科」を導入した。米国の中等教科を見習って設定された社会科は「新生国民として新たな民族文化建設を控えて公民として政治に関心を持たせ、郷土の開発の義務と自治精神を培うために必要とされ一般の公民生活の基礎を習得することを目標にした（カン・ヨンヘ他「民主市民教育活性化方策研究」韓国教育開発院, 2011年9月）。

40　2009年に改正された教育課程によると中学校の教育は小学校教育の成果を基に学生の学習や日常生活に必要な基本能力の育成と多元的価値を受け入れて尊重する民主市民の資質の育成に重点を置いている。また教育目標にも「自分を巡る世界に対する経験を土台に多様な文化と価値に対する理解を深める。多様なコミュニケーション能力を高めて民主市民としての資質と態度を備える」と表現されている。また高等学校教育課程総論においては高等学校教育目標を「学生の適性と素質に合う進路開拓能力と世界市民としての資質涵養」に次の４つを強調している。第一に、成熟した自我意識に基づき様々な分野の知識と技能を身につけ、進路を開拓し生涯学習の基本能力と態度を備える。第二に、学習と生活で新たな理解と価値を創出できる批判的、創意

ず、これまでの学校での民主市民教育は国民教育または公民教育の色彩を帯び特定科目に付随的に実施されてきた。学校での民主市民教育はまだ充分と言える段階に至っておらず、現在の教育システムの体制下では理想とはほど遠い状況だ。制度的にも民主市民の育成に最も重要な役割を担うべき場所は学校であるが現実はそうではない。現行の教育体制における民主市民教育の困難は何よりも入試中心の教育体系に起因する。学校での民主市民教育の活性化にあって、障害要因は教師と生徒・父兄たちの民主市民教育に対する認識不足や入試と関係のない科目または分野に対する軽視風潮などが挙げられる。このほかにも民主市民教育に対する社会全般の無関心と歪曲された認識、実践力が並行されていない理論教育なども民主市民教育の活性化のために解決していかなければならない課題だ。

　家庭や学校で民主市民教育をきちんと行えば社会的・国家的に投入される経費が少なくて生活の質と満足度も高くなる。民主市民教育は選択による教育ではなく、現在韓国社会で求められている義務と言っても過言ではない。

　学校での民主市民教育が活性化されるためにはいくつかの前提条件がある。

　第一に、「民主市民教育をどのように学習させるのか」に対する社会的合意を導き出すことである。公論化過程を通じて政府、学校、教師、学生、保護者など関係当事者が共に合

　　的思考力と態度を習得する。第三に、韓国の文化を享受して多様な文化と価値を許容できる資質と態度を備える。第四に、国家共同体の発展をために努力して世界市民としての資質と態度を育てる（カン・ヨンヘ他「民主市民教育活性化方策研究」韓国教育開発院, 2011年9月）。

意点を導き出し教育政策、入試政策に反映していかなければならないだろう。例えば単に関連教科科目の履修など形式的なものよりは民主市民としての活動の成果を上級学校進学成績に義務的に反映するなど現実的な案を設けることだ。理論教育と並行し参加型の教授・授業方式を導入し行動する実践力を育成するため校外活動を強化し直接的・間接的に社会経験を体得する方向で学習しなければならない。

　第二に、関連の教科書を整備し民主市民教育を正式科目に採択する必要がある。現在各科目ごとに散在している民主市民に関する内容を収集・整備し別途の必須科目として採択し、その他の主要科目と同一に取り扱うことにより学校教育において民主市民教育が定着すると考える。幸い2015年から人格教育振興法が施行され全国の小中高校で人格教育を実施している。生徒たちに責任感、思いやり、自尊感、当事者意識など共同体的な市民意識を広める一方、人格を高める一助となるだろうと期待されている。

　第三に、関連科目の教師の民主市民教育能力を強化する必要がある。学校教育で生徒たちに最も大きな影響を及ぼす存在のうちの一つが教師だ。近来に入ってはインターネット産業の発達と多様な経路を通じて情報を得ているが、教師の価値観は生徒の価値観形成に大きな役割を果たしている。したがって、学校での民主市民教育を活性化するのに関連教師の資質と力量は非常に重要だ。さらに言えば、教師の価値観や理念が生徒にそのまま注入されるのは望ましくない。一部の教師たちの偏った政治理念の注入は成熟していない生徒たちの社会、国家、世界を眺める均衡感覚を誤らせる恐れがあるからである。教師は学生がある事物を観察して理性的に判断

できる思考力をつける訓練をする助力者の役割にならなければならない。教育機関は教師が民主市民を養成する教育者としての資質を十分に備えられるように専門教育課程に積極的に参加したり研究活動を行えるよう支援しなければならず、教師も民主市民教育の先導者から役割者としての能力を育てなければならない。関連科目の専任の教師を民主市民教育講師として育成し民主市民教育を専担させることには専門性の相違、時間不足、教授能力の差などによって様々な限界があり得る。必要ならば学校外部の専門民主市民教育の講師を活用することもこのような問題を解決し、生徒たちに多様な民主市民学習を経験させる一つの代案となり得る。前に言及したとおり、外部の専門講師の採用・活用は民主市民教育担当機関で連携して推進すれば済むことである。

　民主市民教育において最も重要な主体であり客体は市民または市民団体（以下この章では「市民団体」という）である。つまり、市民団体が民主市民教育の当事者ということである。民主市民教育の活性化のためには市民団体が自律的に推進しなければならない。もちろん、民主主義が比較的早く定着したと見られる国でも政府が主導的に推進している例は多い。しかし、政府が恒久的に主導して推進することは一方向性、硬直性などをもたらし自主性を阻害するおそれがある。

　市民団体自らがその社会の中で互いに共感しながら柔軟に推進するのがいい。民主市民教育は他の教育よりも公共機関、家庭、学校が市民団体と連携し相互の特性に合った役割を分担し協力して立体的に実施する必要がある。

　民主市民意識の活性化の進展は市民団体の役割の程度によって左右されるとも見ることができる。政府は制度づくり、

予算確保、カリキュラムの構成、専門講師養成など市民団体が民主市民教育を自律的に円滑に推進できるようにインフラを構築する役割に重点を置き、それぞれの市民団体はこれをもとに市民団体の特性を生かして各界各層を対象に民主市民教育を実行し、社会の中に参加して行動した時社会的共感が広がるなどのシナジー効果が大きく現われる。長期的観点で民主市民教育は政府など公共機関がハードウェア的な機能を、家庭・学校・市民団体はソフトウェア機能を担当する構造で推進することが最も望ましいだろう。

V 各国の民主市民教育の実態および示唆点

　民主主義を導入している国のほとんどが様々な形で民主市民教育を実施している。しかし、国ごとに歴史、政治、社会など諸環境が異なり、目標が異なり民主市民教育についての概念も異なる。したがって、民主市民教育内容や方法も異なる点が多い。本章では、韓国で民主市民教育を推進する上で参考とするに値する国の中で日本、ドイツ、米国、英国そしてスウェーデンの民主市民教育の実態と示唆する点は何かを見てみよう。この中には韓国民主市民教育の実施過程においてすでに同質性を持っていることもある。しかし、その独自の特性と意味があることを記述した。

　このほかに、フランスの学校市民教育方法、オーストラリ

アの政府・政党・国会や民間団体の市民教育状況、オーストリアの選挙権年齢16歳への下向調整による学校の民主市民教育方法などその他の国でも示唆に富むところを見つけることができるが、研究者の能力の限界などにより本書では上記の国に限定する。

1 日本

1-1. 実態

日本の民主市民教育は第2次世界大戦以前から修身科目を通じて実施されてきたが、1947年3月に公布された「教育基本法」に基づき新しい民主国家建設に向けて国民に民主市民の資質の涵養を目的として学校の内外で行うことになった[41]。

41　日本の民主市民教育は政府主導下の公民の資質の育成に向けた公民教育から出発したと見ることができる。公民教育が本格的に論じられたのは1923年普通選挙法が成立し政府が成人教育を通じて国民を穏健な選挙民として育成して既成秩序の安全な維持を図ることを政策課題にした時期からである。この時期の公民教育は社会問題、思想問題への教育対応を主眼としており、その目的は国家について忠誠心と義務感を持つ国民の育成にある。第2次世界大戦後公民教育の刷新、新しい出発の必要性が認識され、学校教育においては新設教科の社会科が主にその機能を引き受けるようになった。「小学校社会科学習指導要領説」（1948年9月）は「社会科の主要目標を一言で言えば可能なかぎり立派な公民的資質を発展させること」と記述した。社会科学習指導要領には常に「国家・社会の形成者として」公民的資質（国家・社会の構成員として要求される知識、理解、能力、関心、態度）の育成が強調されてきたがグローバル化の進展が顕著な今日の「地球市民」としての新たな資質・能力を養成する方向への公民教育の革新が必要だ（『新版學校教育辭典』教育出版柱式會社, 2003年5月）。「公民」という言葉はそもそもほとんど使われていなかったが明治憲法で「citizen」を「公民」で翻訳し使用し始めた。こ

学校教育での民主市民教育は社会科、公民科や道徳教育を通じて行われている。日本の民主市民教育は、個人的道徳を意味する修身と民主市民教育を同時に包括する概念としてすべての人に対し家族・社会・国家・国際生活で行う共同生活の望ましい構成員としての必要な知識、機能の啓発とそれに欠かせないものは性格の育成を目標にした[42]。即ち、共同生活の重要性を強調し共同生活を営むのに必要な資質と能力を育成するのに焦点があると見ることができる。

　日本の民主市民教育は教育基本法によく現れている。第1条、教育の目的に「教育は人格の完成を目指し、平和で民主的な国家及び社会の形成者として必要な資質を備えた心身ともに健康な国民の育成を期して行わなければならない」と定めていて、第2条、教育の目標に「教育はその目的を実現するため学問的自由を尊重しつつ、次に揚げる目標を達成するように行われるものとする。1．幅広い知識と教養を身に付け、真理を求める態度を養い、豊かな情操と道徳心を培うとともに健康な身体を養うこと。2．個人の価値を尊重して、その能力を伸ばし、創造性を培う、自主及び自律の精神を養うとともに、職業及び生活との関連性を重視し、労働を重んずる態度を養うこと。3．正義と責任、男女の平等、自他の敬愛と協力を重んずるとともに公共の精神に基づき、主

れを「市民」と翻訳するなら村民や町民が含まれていないため、これを公民と翻訳したという。今日の日本で公民という概念は一般的に社会団体の一員として積極的に社会を形成している国民を指す。このような公民の概念には西欧の市民社会の発展に由来する、主権者としての市民の概念が背後にあるということを把握することができる。

42　公民教育刷新委員会, 1945年12月22日.

体的に社会の形成に参画しその発展に寄与する態度を養うこと。4．生命を尊重し自然を大切にし環境の保全に寄与する態度を養うこと。5．伝統と文化を尊重しそれらはぐくんできた我が国と郷土を愛するとともに他国を尊重し国際社会の平和と発展に寄与する態度を養うこと」と定めている。つまり、民主市民教育の目的と目標が日本教育基本法に含まれている。また、教育基本法にある生涯学習[43]理念も民主市民教育の究極的な目標と同様の流れだと見ることができる。第3条に「国民一人一人が自分の人格を磨き、豊かな人生を送ることができるよう、全生涯にわたってあらゆる機会に、あらゆる場所において学習することができ、その成果を適切に生かすことのできる社会の実現が図られなければならない」と規定されている。これは言い換えれば、国民一人一人は民主市民としての資質を養い、共同体の生活の質が向上した社会で人生を営む権利とそのような社会を実現する義務を与えたものと解釈できる。民主市民教育は民主市民の育成にその本質があり、民主市民の育成は人々が精神的・物質的に豊かな人生を生きていくことができる社会を実現するために必要な人間を作っているからである。

　日本では民主市民教育のための専従機構は存在せず学校と地域・家庭・社会教育機関がこれを行っている。児童・生徒はもとより青少年、成人、高齢者に至るまで多様な主体を対象に行っており、学校で実施されている定型的な教育（formal education）[44]と学校外で実施されている非定型的な教

43　家庭から学校、社会で行われる全教育課程を生涯教育または生涯学習と言う。
44　学校教科教育において一般的に見られる教育の教科課程には教師と学習者と

育（informal education）⁴⁵ に大別できる。

　定型的な教育すなわち、日本の学校における民主市民教育は道徳的実践に重点がおかれ、集団生活の中でその構成員としてまた人間として生きていくのに必要な方法を自覚させどのような問題に対する解決能力を訓練してボランティア活動といった社会体験などを重視する⁴⁶。

　　は関係の中で教師が学習者に対して学術的な教育内容を長期間にわたって伝授する形態で、具体的な方法では知識習得型とシミュレーション型などがある。知識習得型は知識を効果的に伝達して獲得させる方法であり、シミュレーション型は知識だけでなく模擬体験を通じて能力を育成することを目的とする教育方法である。定型的な教育の長所は知識と技術を同時に一斉に一定の水準までに効率的に伝えることができる点である。また知識と技術が得られるまではある程度体系的かつ長期的な教育が必要である（中央選挙管理委員会「民主市民政治教育の実施の法的根拠及び運営実態」『海外通信員指定課題』第2013-3号, 2013年6月）。

45　教育者と学習者の関係と教育方法が柔軟で実践とアウトプット（output）が中心である典型的な例としては公民館などの市民講座や公開講座、Extension Schoolなどがある。教育の方法としては体験型とプロジェクト型があり体験型は体系的な教育からの知識習得より、体験を通じて技術と意識を育成するのに効果的あり、プロジェクト型は課題（テーマ）を解決することを学習目標に設定し知識、意識を統合的に獲得することが可能となる教育方法だ（中央選挙管理委員会「民主市民政治教育の実施の法的根拠及び運営実態」『海外通信員指定課題』第2013-3号, 2013年6月）。

46　主な特徴の第一は、個人よりも共同体の利益を重視する傾向を見せている点である。日本人は自分と自分が属する集団との一体感を強く感じ自分が属する集団、社会に対する所属感、責任感、尊重、ボランティア精神を重視することで、個人の利益より集団の利益を優先視する傾向を見せているがこれはこのような教育と関連性を持つものと解釈できるだろう。第二に、極右的な性向を見せ始めたという点である。学校での道徳教育の強化の必要性が強く提起され始めた時期に合わせ中学高校の社会科や道徳教育、公民科教育を通じて日本人としての主体性とアイデンティティすなわち、民族主義的要素を強調している点である。第三に、家庭、学校、地域社会間の絆と協力を優先しているという点である。授業時間に地域関係者や保護者たちを参加させ、多様な対話の機会を持ち随時生徒たちとの問題を解決するために共同で努力

非定型的な教育すなわち、学校外での民主市民教育は教育基本法に基づいて考えると家庭、大学[47]、地域・社会教育機関、公民館[48]など社会において児童や学校教育を受けない青少年、

している点。第四に、民主市民教育のための多様な教材および資料が開発させ、活用されている点である。多様な補助、参考資料が開発され、学校現場で効率的に活用されている。副教材を出版した会社はほとんどがその指導案や参考資料を含むビデオテープや CD-ROM を製作して学校に配布している。文部科学省や関連学会においても様々な文献資料、映像資料などを製作・配布して授業で活用できるようにしている。またラジオ、TV 教育放送資料も授業で多く活用されている。第五に、実質的な民主市民教育のために地域社会奉仕活動を含めた学校外での多様な体験活動参加を重要視する点である。そのために地域、官公庁、企業体などとの協力体制の構築を強化しているだけでなく体験活動に関する多様な情報を提供するための情報連絡網も備えている。第六に、民主市民教育の中心とも言うべき道徳教育が正規科目がない特殊な形で行われているという点。第七に、道徳教育の担当者が専門道徳教師ではなく学級担任という点である。道徳科目は正規科目ではなく担任が指導する学級時間の形で設定されているため学級担任によって主に指導され必要に応じて校長、首席教師、同僚教師、保護者、地域社会の人々によって授業が行なわれる場合もある（忠南大学産学協力団「各国の民主市民教育制度および関連法案研究」2011年10月）。

47　大学は中学高等学校とは異なり自律性、自主性を持って高い教養と専門的能力と知識を追究し、これらの成果を社会に提供することで社会の発展に寄与するところだ。したがって、大学は民主市民教育が専門学問で存在することもなく小中高等学校でのように社会科、公民科などの科目に一部内容が含まれているとは考えにくく、学校教育の領域に区分して論じることはできない。社会教育または成人教育の範疇に含めるのが妥当だと考える。

48　明治維新当時、教育の機会がなかった人々にも平等な教育の機会を付与する義務教育の整備を推進したが、その過程で義務教育を担当する学校教育を補足する意味で、公衆道徳や社会生活に対する知識、国家との関係などの教育を行い、富国強兵という政策次元で設置された。現在市民のための実際の生活に即した教育、学術、文化に関する各種事業をおこない、市民の教養の向上、健康増進、情操の育成に向けて生活文化、社会福祉の向上を目的とする教育施設で教育基本法と社会教育法によって運営されている社会教育機関である。定期講座の運営、討論会・講習会・講演会・展示会などの開催、スポーツ・レクリエーションなどの集会、図書・資料など利用、各種団体などとの

成人を対象に行われる教育といえる。学校教育で民主市民教育の内容を含め、学校教育を補足する意味で、公衆道徳や社会生活に対する知識、公民として必要な政治的教養、国家観などを育てる役割をする。最近は社会教育[49]、家庭教育、学校教育、地域教育を含めた生涯教育や生涯学習が振興され、学校外の教育をめぐる新しい政策を継続して推進している。特に、学校教育力が低下している中学校教育を支援するために地域教育の役割が求められており、さらに学校と家庭、地域が一体となる教育活動の必要性が高まっている。

1-2. 示唆

　第一に、全国の地域に設置されている公民館の役割についてである。韓国には住民自治センター、社会福祉館など、日本の公民館と類似した役割と機能をしている施設がある。韓

　連絡をはかる市民集会など公的利用場所の提供などの事業をしており、営利事業や支援及び特定政党・候補者のための政治活動と宗教団体の支持・支援活動などは禁止されている。

49　社会教育法第2条（社会教育の定義）において「社会教育は学校教育法または就学前の子どもに関する教育、保育等の総合的な提供の推進に関する法律に基づき、学校の教育課程として行われる教育活動を除き、主として青少年及び成人に対して行われる組織的な教育活動をいう」と定義した。また教育基本法第12条で定義されたとおり、個人の要望や社会の要請こたえ、意図的・組織的に社会で行われる教育は言う。言い替えれば学校の以外の教育とも言う。学校教育以外の青少年及び成人を対象とする教育だと言えるが対象を問わずどこで行われているのかという場所的側面により判断しなければならないだろう。したがって、本書では法律的な観点で学校教育と学校外の教育を論ずることは本研究にとって意味がなく、空間的な観点でのみ区別した。つまり、学校以外の公民館、政府及び地方公共団体、図書館、博物館、その他社会教育施設全般で行われる教育で、かつ学校教育課程で行われる教育活動を除いた残りの教育活動を社会教育という。

国の住民自治センターは行政苦情、社会福祉、選挙における委任事務など、一般行政業務が主として行われる総合行政官公署の性格が強い反面、公民館は住民たちの実際の生活と関連した事業を主に行う点で、韓国の住民自治センターとはその性格が多少異なる。日本の公民館は関係機関などと連携・協力し消費者教育、防災教育、放課後の子供教室運営など学校教育支援などの多様な教育事業と地域社会団体や交流センターとしての役割など名実共に地域住民の生活の公共施設として活発な活動をしている。韓国の住民自治センターも多様な用途に活用されているがいまだに役所的な要素が強く、その活用度が住民自治、地方行政業務支援にとどまっている傾向がある。住民自治センターを日本の公民館のようにその機能と役割を拡大して民主市民教育機関の前進基地の場として活用する案を推進する必要がある。行政自治部などの関係機関と協議し、主市民教育において住民自治委員会の役割、場所使用、民主市民教育事業支援法的根拠等を設け推進すれば市民との連携体制の構築が容易に、より民主市民教育事業に弾力性ができ、市民たちの共感を引き出すなど相乗作用を起こす活用案の提示である。また、別途の教育施設の基盤作りという困難の解消など、経済的な面でも肯定的な効果を期待することができる。

　第二に、法改正で新たに選挙権者に編入された18歳の年齢層の投票参加率を分析し、選挙権年齢の下向が投票率とどんな関係性があるかを関心を持って見守る必要がある。日本も韓国と同様、政府次元での政治教育を実施している。総務大臣、中央・都道府県・市町村の選挙管理委員会が中心になり、選挙人の政治常識の向上と政治参加方法などについて啓

蒙・広報活動をしており、各教育機関の正規教育課程での教育と非営利機構のような民間団体[50]で自律的な活動を実施している。それでも韓国をはじめ他国と同様、若い層の政治に対する無関心と投票率の低下現象は解決しなければならない課題として残されている。日本は2015年に公職選挙法改正を通じて選挙権者の年齢を18歳に引き下げた。日本の場合、内閣制の国として韓国と政治体制は違うが地理的に近いに教育制度など公教育的な面で同質的な部分が多い。学校での18歳選挙権者を対象にした政治教育はどのように実施されているのか、また投票率などにどのような変化をもたらすのかについて分析し、今後韓国においても導入されるかも知れない選挙権年齢の下向への法改正に備える必要がある。

2　ドイツ

2-1. 実態

ドイツの民主市民教育（Politische Bildung）[51]はすべて教育制度全般にしっかり定着され学校、成人教育、学校外の青少年教育、職業養成教育施設などにおいて正規課程として実施

50　財団法人「明るい選挙推進協議会」非営利法人「ドットジェイピー」「I-CAS」「模擬選挙推進ネットワーク」「日本公民教育学会」「全国民主主義教育研究会」「シティズンシップ教育推進ネット」「ど・あっぷ！(Do-Up!)」「リンカーンフォーラム」などが活動している。

51　ドイツの場合「民主市民教育」という用語よりは「政治教育」という用語が合致するが、意味上大きく異なることはなく、ドイツの連邦政府も英文では「Civic Education」と表記しているため本論文でも「民主市民教育」という用語に統一する。

されている。

　民主市民教育は、統一前と後に分けて見ることができる。第2次世界大戦が終わった後、旧西ドイツは米国、英国、フランスなどより民主主義の発展が遅れた関係で、民主市民教育も特定のイデオロギーよりは「自律性」と「批判・判断力」の向上に焦点を合わせ自由民主主義、多元主義に重点を置いて実施されてきた。そのような雰囲気の中で1976年の民主市民教育の憲法といえる「ボーイテルスバッハ協約（Beutelsbach Konsens）[52]」が締結された。一方、旧東ドイツは全体主義的観点で体制志向型の教育を実施した。1990年の統一をきっかけに、民主市民教育は政治・経済・社会的統合を中心に行われ、政党、政治財団、宗教団体などが直接旧東ドイツ市民を対象に民主市民教育を実施し、州の傘下である「州政治教育院」も旧東ドイツ地域に拡大実施した。学校教育における公民教科書も民主的社会の内容に全面改定された。民主市民教育は統一後、東西ドイツ体制の統合にかなりの役割を果たした。ドイツの民主市民教育は学校教育を基に政府、政党の政治財団、市民団体などが主導して実施されている[53]。

　特に、連邦政治教育センター[54]という民主市民政治教育専

52　1976年バーデン・ヴュルテンベルク州で開かれた学会に参加した学者、教師らが第一に、強圧、教化、注入禁止、第二に、均衡・対立的論争の確保、第三に、政治的状況及び自分の利害関係を考慮した結論を引き出すなど民主市民教育について3項目の合意を取り付けた。

53　キム・アジンの「政治教育、ドイツ統一後実質的な体制統合『一等功臣』」のタイトルで国民日報2013年8月26日に掲載された内容を整理した。

54　本部はボン（Bonn）に位置しており、ボンとベルリンにメディアセンターを置いている。連邦内務部令に「2001年1月24日字への連邦政治教育センターに対する規定」に設置のための法律的根拠を置いた。設立・運営目的はこの

門の機構において、民主主義に対する市民の意識水準を高める一方、さまざまな政治・経済・社会・文化的問題について理解を助ける行事を開催したり、印刷物を発刊したりし、政府によって承認を受けた政治教育団体を後援[55]している。連邦政治教育センターは民主主義意識の確立に向けて1952年に設置された。ドイツにはこれと類似した機関がワイマール共和国時代にもあったが、この機関は、第1次世界大戦中に弱体化されたドイツ市民たちの民主主義意識と議会民主主義に対する理解の強化を目的に設立された。現在、連邦政治教育センターは、政治・経済・社会などの分野で提起されている現実的な問題をテーマとして受け入れ、政治教育内容に反映している。初期の連邦政治教育センターの主要テーマは、共産主義に関する論争に焦点が当てられており、主に大学生を対象とし、国際共産主義に対する論争と関連した講義が主な内容だったが、ドイツ統一後には民主主義に関するものに

規定の第2条で「連邦政治教育センターは政治教育を通じて政治的事案に対する理解を増進さ、民主主義意識を確固たるものにし、政治過程に参加する能力を強化する課題を持つ」と定めている。内務部傘下の機関に連邦政府の予算で運営されており原則策定、行事の開催、教育、マルチメディア、出版物の発刊、後援の6つの基本的な業務関連部署と極端主義担当、非政治的集団担当の具体的業務を担当する専門分野の組織と、各政党の議員で構成された監督委員会（業務の政治的中立と影響に関する監視する機関であり、毎年予算案、業務計画書、活動報告書を提出してもらうこと）と学術担当委員会が構成されている。業務遂行の過程において主な業務に係る事項についての各州の該当最高官庁と協議し、すべての州に設置されている州の政治教育院と協力して業務を遂行する（中央選挙管理委員会「民主市民政治教育の実施の法的根拠及び運営実態」『海外通信員指定課題』第2013-3号, 2013年6月）。

55　政治的意思形成に寄与する財団、協会及びその他の組織体を後援している。毎年300個以上の団体に後援金を支給しており、後援金は当該団体の会員の人数によって会員1人当たりの定額で支給している。

変わった。教育対象は全国民とし、各年齢層に合った教育方法を採用し、様々な出版物と行事 – 学術大会、代表者会議、フェスティバル、博覧会、展示会や修学旅行、コンテスト大会、映画セミナー、文化行事、イベントおよび言論人深化教育など – を通じて教育している。また子供を対象に政治学事典・漫画を発刊し、インターネット上のウェブトゥーンと漫画を活用した視聴覚資料もインターネットサイトに掲示している。運営に対する評価[56]も受ける。連邦政治教育センターのほかにも、それぞれの州の州政治教育院が連邦政治教育センターのような政治教育関連行事や出版物の発刊などの政治教育を実施している。

　また、各政党の政治財団において政治理念と政治教育を通じて民主主義を浸透させる役割をしている。政党に対して法的、財政的、構造的に独自の地位を持っており活動においても開放的・独立的だ。特に、ドイツ統一後、旧東ドイツ住民に対する民主市民教育にかなりの役割を果たした。その他出版物の発刊、奨学事業など直接的・間接的な政治活動を行っている。民主市民教育の効率性を期するため民主市民教育を実施している主体間の相互に有機的なネットワークを形成し

56　連邦政治教育センターは、第3帝国時代にドイツ人から反ユダヤ人と評価された政治学者コンラドゥルェブ（Konrad Low）の主張について、厳しく批判したが、2010年9月連邦憲法裁判所は連邦政治教育センターが極端な見方を拒否する権限を持っているが、同時に常に法治国家的態度と均衡を維持する義務があると判示し、私人のような意見表明の自由を主張できないとした。したがって、コンラドゥルェブの人格権が一定部分侵害されたと判断し、2004年以降から連邦政治教育センターの雑誌を読んだ市民たちに書面で謝罪の手紙を送るよう指示した（中央選挙管理委員会「民主市民政治教育の実施の法的根拠及び運営実態」『海外通信員指定課題』第2013-3号, 2013年6月）。

ており必要に応じて共同で教育プログラムを企画し、情報を共有し緊密な協力体制を基盤に自律的に推進している。

　ドイツの民主市民教育の核心内容は次のようにまとめることができる[57]。第一に、民主主義国家と自由主義社会の省察された受容と実践のため民主主義の規則の本質と手続き、そして批判力と合意姿勢などを教育する。第二に、歴史的決定と発展の因果関係を理解させ、さらに歴史の連続と中断についても説明する。第三に、時事問題だけでなく科学技術発展のマイナス的な未来問題についても多くの関心を抱かせる。第四に、隣人や他民族集団、あるいは他の社会に対する誤った先入観を打破するようにする。第五に、国際関係および世界経済関係などに関する教育を通じて、これらの外部の変化と国内問題の相互作用に関して明らかにしている。第六に、大衆メディアの社会的役割と効果について議論し、大衆媒体の限界点と情報の内容に対する批判的な対応力を培養する。第七に、統一以後新たな体制についた東ドイツの住民の正しい適応のために、過去の社会主義体制に対する批判的な整理とともに、民主主義的思考と行動を持つようにする。最後に、統一の完成に向けてドイツ人全体が開放的に対話する前進基地の役割を担当することに力点を置いている。

2-2. 示唆

　第一に、連邦政府主導の下に州政府と協力し、体系的な民主市民教育を実施しているという点である。ドイツのこのよ

57　忠南大学産学協力団「各国の民主市民教育制度および関連法案研究」2011年10月.

うなシステムを基礎にした民主市民教育は、法治主義に基づいた社会・政治生活を営むのに必要な権利と義務の学習および実践、国家の内部統合、市民的政治文化の構築及び民主主義の強化に大きく貢献した[58]。韓国の民主市民教育において法制化は足踏み状態にとどまっている状況で、ドイツが政府次元で与・野党の超党的合意により制度を設け、政府次元で民主市民教育を定着させた点は、示唆するところが大きい。さらに、専担機構に各政党が参加する監督委員会を置き、偏向的かつ政治的な運営を監視して中立性を維持できるようにしたことは、韓国において政府主導の特定機関により民主市民教育を専担する場合民主市民教育内容又は運営において自律性・中立性を確保することができるかという憂慮を払拭できる代案と考えられる。

　第二に、韓国と同様に分断国家の現実を考慮し、統一に備え、統一後の状況を念頭に置いて推進してきたという点である。韓国は世界唯一の単一民族分断国家である。韓国と北朝鮮が互いに対峙している休戦状況、韓国の自由民主主義と北朝鮮の共産主義体制など、他の国では見られない様々な特殊な環境が存在する。歴史、思想、伝統、文化、言語など一つの民族から継承されてきた価値が70年余りの分断を経て、異なる政治体制、経済構造などによって多くの分野が異質化され、なくなって一つの根を見つけるのも難しくなった。個々人が持っている思考力、価値観など心理的な要素においても相当な格差がある。統一後このような異質性をどう克服する

58　忠南大学産学協力団「各国の民主市民教育制度および関連法案研究」2011年10月.

のかに対する備えが民主市民教育領域で深く扱われなければならず、認識を共有しなければならない。今からでも積極的に韓国と北朝鮮両方で経済・文化・スポーツなど政治以外の分野からの交流を通じて次第に同質性を回復していく一方、民主市民教育を通じて一部に存在する統一に対する懐疑と懸念に対する市民の意識を転換させて進まなければならない。統一されてから25年が過ぎたドイツも、完全な社会的統合が行われたとはみなせない。ドイツよりさらに長い期間を分断状態で過ごしてきた韓国の場合は社会的統合の達成にさらに多くの時間と努力を要する。統一後の社会的葛藤を最小化するためにはお互いの体制や意識構造を理解する努力が必要だ。異なる二つの政治体制を自由民主主義という一つの体制で統一することは容易ではないだろう。お互いに相違から共通分母を模索する姿勢を訓練しなければならない。

　統一後の韓国は一定期間さまざまな分野で同一性を追求する他はない。政治体制、経済観、制度、規範・慣習、人権意識、宗教観、世界観など韓国と北朝鮮が共有して学習して進むべき分野は多い。これらも民主市民教育領域で扱われなければならない。学校教育と学校外の教育において全方位的に実施しなければならないことはもちろんだが、市民の自律に任せるよりは、一定レベルに至るまで政府が主導する方が、一部の問題点[59]が発生したとしても、迅速な政治体制の安定と社会統合の側面では効果があるだろう。統一後の南北住民を対

59　ともすれば理解力と思考力の学習過程にいる子どもたちの自由な考えと自律性・多様な思考力の発達を阻害する可能性があり政府の嗜好に合った画一的な教育に流れる恐れがあるという点などが問題点として現れかねない。

象にした教育のカリキュラムも異なるものになるかもしれない。ドイツの統一と前後した西ドイツ人と東ドイツ人を対象に実施した統一教育の様態を研究し、韓国環境に適合した統一教育分野の民主市民教育モデルを創出する必要がある。

3　米国

3-1. 実態

　米国の民主市民教育は、政府と地方公共団体、地域社会の政治や地域活動に、国民が主権者意識を持って主体的に参加しようとする意識を持たせることを目標に実施されている。教育と関連した権限が各州に分散されている米国の教育システムの特性上、連邦または州政府次元では大人を対象にした民主市民教育担当機関やプログラムは置いておらず、民主教育法に準拠した市民教育センター（The Center for Civic Education）など民間市民教育団体の事業に対する財政的支援を通じて推進されている。つまり、政府主導で統一された体制や制度化を通じて直接的に実施することより、多様な教育機関[60]により社会教育の形で推進され、これらの教育機関が独自または共同で教育プログラムを開発しているので、学校や需要者がそれぞれのレベルに合った教育プログラムを選択

60　市民教育機関（市民教育センター、クローズアップ財団、民主主義と市民性センター）、利益集団（米国弁護士協会、労働組合）、政府（米国憲法200周年記念委員会、移民・帰化局）、大衆媒体（TV、映画など）、公共図書館、博物館、学校などの公共機関が成人を対象に実施している。

し自律的に実施している[61]。

　ただ、州政府次元では民主市民教育と政治参加活動推奨ために学校教育課程内の公民学（Civics）、社会科（Social Studies）の教育課程履修[62]を卒業資格要件に含ませたり、一部の州では地域内ボランティア活動の履修を義務化する形で実施している[63]。

　米国の民主市民教育は1960年代以降、投票率と政治参加や政治に対する関心度低下現象、学校教育課程で民主市民教育の弱体化による政治参加に必要な知識の学習機会不足などにより、民主市民教育の必要性が提起されるとともに始まった。特にこのような現象は若い有権者の間でさらに深まった。また旧ソ連の人工衛星「スプートニク」の発射とベトナム戦争における敗北によるショックは、米国政治体制の優越性の崩壊をもたらし、これは米国の政治制度に対する国民の信頼性の低下につながり、結果として国の能率性に対する懐疑につながった。また高度産業社会への発展による青少年犯罪の急激な増加、社会階層集団間の摩擦による社会統合の危機などの深刻な社会問題が発生し始めた。このような背景から始まった民主市民教育は、「多様性が保障される自由開放社会の体制維持および統合力の強化に向けた米国的精神涵養」と

61　これは民主市民教育内容又は価値について多様な観点で接近することができる反面、理念の枠組みに拘束されて普遍性を担保できないという問題もありうるという指摘もある。

62　2014年現在、公民学の課程を必須と選択した州は46州、公民学試験を実施している州は9州、社会科試験を実施している州は23州である（http://www.civicyouth.org/state—civic—education—at—a—glance/）。

63　中央選挙管理委員会「各国の民主市民教育プログラム」『海外研究官指定課題』第2014-7号.

いう統合教育（市民の献身）[64]と、「民主的基本秩序を遵守して社会発展を後押する市民的資質の開発と積極的行動様式の訓練」と呼ばれる行動教育（市民の資質）[65]という二つの目標を持って始まった[66]。

しかし、民主市民教育の内容の合意を導出するのは難しく、分権化している米国の教育システム上全国的に統一された民主市民教育体系は確立しにくい。前述したとおり複数の主体たちにより社会教育の形で市民の中で多彩なプログラムが実施されてきている。連邦政府からの財政支援は少額だが、連邦、州、自治体の次元で結成された弁護士協会やNED（National Endowment for Democracy）やNEH（National Endowment for Human Right）のような公益財団から支援している。弁護士協会の場合は自主的に市民教育機関を設置してプログラムを実行場合もある。

3-2. 示唆

第一に、民主市民教育が多様性を認めて克服するのに一翼を担っているという点だ。米国は移民国家であり、多様な民族や人種が調和して結合された複合国家だ。そのためほかの国に比べて必然的により開放的であり、多元化された社会

---

64 米国の歴史、開拓精神、連邦主義精神を培い、世界普遍主義（universalism）と世界1等国民の矜持を養成することを主な内容と設定した。

65 公共秩序と国家政策に対する知識の取得と効率的な参加に必要な知識や規範の拡充、他人の機会と権利を尊重する行動規範と知識教育、経済・社会生活での責任意識と自主精神の鼓吹、国際関係の理解および利他精神と創造的愛国心の涵養等を主な内容としている。

66 忠南大学校産学協力団「各国の民主市民教育制度および関連法案研究」2011年10月.

を維持するために国家的に統合政策が発展してきた傾向が強い。民主市民教育の方向も統合教育に重点を置いて実施されてきた側面がある。今後未来国家は多民族、多文化国家とならざるを得ない。様々な異質的な集団が共同体社会を形成し統合し、助け合って生きて行くしかない。単一の民族から構成されてきた韓国も、遠からず多文化社会ひいては多文化国家に変化していくであろう。民主市民教育を推進する過程において、米国の社会統合力を強化するための多民族・多文化民主市民教育政策は反面教師となる面が多い。

　第二に、政府主導ではなく市民社会の中で様々な形で自律的に推進されているという点である。まだ韓国は米国と同じ形で推進するには無理がある。米国とは目指すとこるが同じわけではなく、建国の背景と政治、社会環境が異なり、南北分断という特殊な状況がもたらした理念の葛藤の中で、近代化・産業化や民主化が行われて現在に至ってきた。また保守対革新という見解の相違から発生している不必要な紛争の状況においてまだ完全に自由とはいえない社会的な雰囲気が存在するために日程時期に至るまで政府が主導する形が要求される。しかし、今後韓国の民主市民教育も市民・市民団体を中心に多様性を持ち、自律的に実施する方向で進められなければならない。したがって、米国の様々な教育機関による自律的な民主市民教育形態について主体、内容、方法、対象などの要素別に研究・評価し、長期的な観点で韓国の民主市民教育の推進方向を設定する際に参考にすることができる。

　第三に、学校の民主市民教育での政治参加を強調しているという点である。米国では市民らの政党活動が日常的であり、学生たちもその影響によりで積極的に現実政治に参加し行動

している。高校生を対象とする政党組織もあり、学校の教科書の内容も高校生の政党活動を推進する方向で記述されている。韓国ではほとんどの学生が大学入試準備のため、政治に関心を持つ時間的余裕が無く、また、国会議員選挙権（満19歳）になってから政党の党員になるため、高校生が現実政治に参加することは不可能な状況であり、米国の学生たちの現実政治参加活動は示唆されるところが大きい。学校において指導を受けた政治参加活動の経験と学習は、米国の先進政治文化の発展の土壌となるであろう。大学入試制度の改善が前提となるが韓国においても学校が知識を学ぶ画一的通路としてだけでなく、さまざまな現象を学んで経験する場としてその役割を拡大しなければならない。近い将来における学校での政治参加活動は不可能であるが、社会の諸問題に対する解決・調整能力、発展的な批判または判断力、合理的な思考力、歪曲されない洞察力など、将来社会人として要求される参加能力を培うために変化への努力を疎かにしてはならない。

4 英国

4-1. 実態

　英国は、世界で民主主義の伝統が最も古い国であるにもかかわらず、民主市民教育の歴史はそう長くはない。民主市民教育の歴史は、欧州国家の中で市民革命を通じて民主主義を経験し完成されたフランスが最も長くなったと考えられる[67]。

67　第3共和政（1870年〜1941年）以来、民主市民の養成を公教育の目標に掲げ

英国の民主市民教育が本格的に体系化され、学校内制度化での議論は21世紀になってからである。学校が民主的な政治体制の創造に寄与しなければならないという意識の拡がり、第１次世界大戦以後世界市民の育成に関する関心の台頭、選挙権年齢18歳への転換による政治教育の問題，脱帝国時代に合致した市民意識の関心の増大、低い投票率と市民たちの政治無関心、青少年問題の増加、多文化主義への転換などの社会問題の克服と社会統合・結束が要求され、その背景の下に導入された[68]。

　英国の民主市民教育の母体となったのはクリック報告書（Crick Report）[69]である。この報告書は国家教育課程内の市

　　小学校無償義務教育が実施された1880年から必須教育課程として導入した。この後中学校の課程に拡大再編などの過程を経て、1998年の高等学校の課程に含められ中等教育の全課程に市民教育が定着した（中央選挙管理委員会「フランス・ドイツの民主市民教育現場調査結果報告書」2015年9月）。

68　チョン・ジェウォン「英国の市民教育制度化に関する研究」2013年2月.

69　1997年教育技術部により、学校での民主主義と市民教育の実践を強化するため市民教育諮問委員会が設置され、同諮問委員会を通じて作成された市民教育の概念と目的、方向と方法などに関する指針書である。この報告書で教育技術部は市民教育を実施しなければならない理由と哲学的土台を提示した。市民教育を通じて生徒たちが学校外の共同体に参加することを勧告し、市民教育が効果的に行われるためには地域社会の参加が切実であることを強調しながら地方自治体と地域評議会、国会議員、欧州議会議員、市民団体、警察、宗教団体などといった地域機関が協力して市民教育の一翼を担わなければならないと説明している（QCA 1998年）。また、市民教育に盛り込むべき内容に全ての青少年たちが社会的・道徳的責任（Social and moral responsibility）をもって共同体に参加（Community involvement）し、政治的なリテラシー（Political literacy）を向上させることを主な核心部分の要素としてカリキュラムを構成して行われてきた。この後2007年教育課程改編により、この核心的要素を民主主義と正義（Democracy and justice）についてと認識し権利と責任（Rights and responsibilities）について理解し、英国の多文化を理解し、

民教育の目的を、市民性の涵養と参加民主主義の実現に向けた知識と技術を学習し、権利や義務、責任を理解し、能動的な市民（Active citizen）としての人生を実践することであると明らかにした。2002年から中学高等学校高等教育課程に必須教育課程[70]と市民教育を導入して運営している。学校市民教育は学校の他にも純粋な市民団体及び民間財団[71]が政府・民間発注のプロジェクトや、自主的なプロジェクトを通じて学生及び教師を対象に市民教育を実施している。教養と責任感のある市民性の形成を通じて、市民として共同体における役割や政治や経済など多様な分野について、合理的で理性的に考えることができる洞察力を備えるようにしている。さらに、自分自身の問題を解決する能力を開発することを目的に

社会統合に向けてアイデンティティと多様性（Identities and diversity: living together in the UK）と修正した（チョン・ジェウォン2013年）。修正された背景についてパク・ソンヨン（2011年）はまず民主主義と正義が最初に提示されている理由としては、英国社会で政治に対する関心がだんだん減っていることに対する批判的な自覚や、政治参加を誘導して活性化するための対策の一環であったことがあげられる。権利と責任の領域は、社会的権利と責任を強調し、青少年たちの社会的非行の問題を解決するための積極的な試みと解釈している。最後にアイデンティティと多様性部分は、多文化社会で起こっているさまざまな問題点をより積極的に解決するための対策と解釈される。これは2007年以前の市民教育が白人中心の同化主義的市民教育だったという批判を受け入れたものと分析され、多文化社会の問題点を積極的に反映するという意志の表れであると理解できると分析した。

70 別の教科で扱わない司法制度、政治参加、選挙制度、政党政治、議会の活動などを内容とした別途の独立した教科とほかの科目の中に市民教育の内容を積極的に統合して必須教育課程で運営している。

71 National Citizen Service、民主市民教育協議会（The Association for Citizenship Teaching）、民主市民教育財団（The Citizenship Foundation）、フェニックス教育財団（Phoenix Education Trust）などが活動している。

実施している。

　また、成人を対象にした民主市民教育の土台を作るた
め、2004年から 2 年に一度政府により成人を対象に「能動
的な市民のための能動的な学び（Active Learning for Acting
Citizenship）」プログラムを進めている。このプログラムは、
今後市民教育を実施しようとする団体や機関が、教育プログ
ラムやカリキュラムなどを作成する際に役立つように企画さ
れ、社会正義、市民の社会参加、平等および多様性、市民社
会の協力や社会的連帯を主要な教育目標とした。またこのプ
ログラムは 画一的な教育内容を脱し、個々の地域共同体で
必要とする部分を満たすための適合型教育に政府ではない地
域共同体市民社会が教育サービス提供の中心的役割を担当
し、被教育者の能動的な参加、被教育者個人の問題に対する
共同体的・社会的観点での再評価、被教育者の多様なニーズ
に対応する柔軟な教育課程を主要原則とした。各地域共同体
の多様なニーズに積極的に対応する教育を実施するため 7 つ
の地域にハブ（Hub）を設置して運営し、各ハブは該当地域
で最も必要とされ分野、例えば地域共同体での市民の役割、
市民社会の公共生活参加能力の強化、市民団体代表の政治参
加、女性問題、公共サービスの利用及び提供能力の向上等を
選定し重点的に教育を実施した [72]。

　英国は様々な年齢層を対象に市民教育を実施している。英
国社会の人種、文化、宗教的多元性による社会的葛藤と議会

72　ALAC.National, Network、Active Learning for Acting Citizenship, pp.1-3. 中
　　央選挙管理委員会「外国の民主市民政治教育実施状況」『海外通信員指定課
　　題』第2011-4号, 2011年6月.

民主主義の発展を脅かす問題について全般的に民主市民教育を試みており、学校教育外での民主市民教育は政府主導の方式ではなく市民社会が主導するシステムである。さらに、市民教育に関する効果を測定するための研究も持続的に進めており、測定された結果をもとに市民教育と関連した政策を企画し改善していきながら発展している。

4-2. 示唆

第一に、比較的遅い時期に学校教育という公教育の枠からスタートして定着・成長してきたにもかかわらず、学校と地域社会、市民団体、政府間協力体制がよく構築され、相互の緊密な連携の下に行われているという点である。民主市民教育が市民の中で定着して活性化されるためには、政府主導の特定機関で推進することには限界がある。政府、関連機関、市民、市民団体など各界各層でパートナーシップをもとに有機的に推進されなければならない。韓国の民主市民教育制度化の過程において政府、関係機関、地方自治体などの役割分担、協力事項などを明確にして法的根拠を設ける必要あるが英国のこのような事例を参考にすることができる。

第二に、共同体の範囲を地域だけでなく国家、欧州、全世界を一つの共同体と見ている点である。現代の社会・国際問題などは、地域社会または国家等の限定された地域に影響を及ぼすことから、全世界に影響を及ぼしかねないことまで各分野で多様に発生する。これらの問題について理解できる一定程度の知識と見識を身につけることができるように指導して学習するのも民主市民教育の本質の一つだ。共同体を生活しいる地域と見るのか、所属した国家と見るか、全世界と見

るかによって共同体構成員への役割、問題を見据える洞察力、問題解決に向けた判断力・思考力など民主市民が備えるべき価値観が大きく左右される。韓国社会ではまだ政治と癒着している地域主義、国粋主義、排他的民族主義などがないとはいえない。これらの克服のためにより広い観点から共同体を眺められる見方と、それに一致する市民意識を養うような方向の民主市民教育が要求される。

　第三に、学校教育に独立した必須科目として民主市民教育の教科目を置いて実施している点だ。韓国において公教育を通じた学校の教育課程での民主市民教育の重要性は、いくら強調しても過ぎることはない。しかし、民主市民教育は関連する一部の教科科目に含まれる内容だけでは学校教育における民主市民教育を活性化するには不充分な面がある。イギリスのように必須科目への導入とそれに向けた民主市民教育に関する別途の教科科目開発も今は検討しなければならない時期とされている。

5　スウェーデン

5-1. 実態

　スウェーデンの民主市民教育は、長い伝統を持った大衆運動の中で成人教育と結合して実施されてきている。これは西欧に比べて自営農の割合が高く、地域自治共同体活動が活発に行われてきており、地域的大衆運動が共同体を率いてきたところに起因する。いわば、大衆運動が成人教育を拡大させるのに多大な役割をしてその中で民主市民教育が胎動したと

みられる。

　民主市民教育は学校教育と、主にコミューン（Kommun）[73]
単位で行われる自由成人教育に分けられる。学校教育は民主
主義に対する知識とスウェーデン社会が志向する価値を習得
させ、社会において民主市民として生活し活動することがで
きる能力を培うことに主眼を置いて実施する。自由成人教育
は、政府と地方自治体の支援のもとに多数の教育協会および
支援団体が、大学などの高等教育機関、市民団体、労働組
合、政党などと連携して行う。市民たちは生涯教育体系の中
でさまざまな団体に所属し、共同体活動を通じて民主市民教
育に接している。共同体活動を通じて個人よりは集団を重要
視し、他人を理解する文化を自然に習得する。スウェーデン
の民主市民教育は、地域共同体に向けた基盤の学習サークル
（Studycircle）活動から、利益集団、市民団体、政党などの
教育活動と公教育体系に至るまで中立的連携を特徴としてい
る[74]。つまり、スウェーデンは草の根地域共同体に基づいた成
人教育の一環として民主市民教育を実施している。政府の役
割は民主主義の強化や社会の発展への貢献というガイドライ
ンの提示と補助金支援[75]だ。何よりスウェーデン民主市民教
育が注目されている理由は、学習サークルを通じた生涯教育

73　コミューン（Kommun）はスウェーデンの行政地域基礎単位である。中央、
　　広域自治体、基礎自治体になっており主に保育、幼稚園、小中高教育、住宅
　　福祉サービスの提供などの業務を行う。

74　ジャン・ソンファ「スウェーデンの市民政治教育と政党の役割」『欧州研究』
　　第32冊1号, 2014年.

75　スウェーデンには民主市民教育に対する政府補助金法がある（1991年制定）。
　　国立成人教育委員会で支給対象や金額を決め、年次報告書および決算書を政
　　府に提出、活動への評価など関連事務を行う。

活動であるが、この教育活動プログラムで重要な部分を占めている部門が市民政治教育だ[76]。またスウェーデンは政党が党員だけでなく一般市民を対象にした政治社会化[77]機能を活発に遂行した結果、政党の市民政治教育が活性化され、市民が日常的に政治に参加する安定した民主主義国家と評価されている。

5-2. 示唆

　民主市民教育に政党が大きな役割をしているという点である。政党が独自に市民政治教育を推進するのではなく、地域共同体の成人教育と連携して実施している。ドイツも政党主導民主市民教育を実施して[78]いるが、これは政党に所属している政治財団が独自に実施しているのであり、スウェーデンの場合とは異なる。現代民主主義国家では政党が占める影響は実に大きい。政党は制度圏への人材補充機能とともに、政治社会化機能を果たさなければならないという責務がある。国家で政党補助金を支給していることも、こうした責務を果

76　ジャン・ソンファ「スウェーデンの市民政治教育と政党の役割」『欧州研究』第32冊1号, 2014年.

77　社会構成員がその社会の政治文化と行為の類型を習得していく過程を指すもので、ハイマン（Herbert Hyman）は『政治社会化（Political Socialization）』という著述で政治社会化の概念を創始し、政治社会化とは「様々な社会的な機関を通じて、個人の社会的位置に適した社会類型（social pattern）を習う過程」とした（イ・ジョンス『行政学辞典』大榮文化社, 2009年1月）。

78　所属政党の政治的理念に基づいているが、教育および研究機関で政治的中立を守り活動している。ドイツ社会の世論形成と政策開発に大きな影響を及ぼしており、政治社会化機能を忠実に遂行している。政党の議席数によって政府から財政的支援を受ける。

たすという意味からである。しかし、韓国政党の場合、政治社会化機能をまともに果たしていると見るには無理がある。政党の研修機関で所属の党員たちに対する政治教育、政策開発などを行ってはいるものの、まだ活動範囲と役割が所属政党・党員という枠から抜け出せずにいるのが実情である。政治家の発掘及び選挙を通じた人材補充機能や党員を対象にした活動は活発な反面、日常で一般市民社会を対象とした役割は不充分であったことは事実である。政治教育の側面でも同じである。もちろん、ここには選挙管理委員会という選挙専門機関が一定部分の役割をしているために政党で見過ごす面もあり得る。

　現在、韓国は政治問題や社会的な問題については関心を持ちながら、政党の具体的な政策・政治家に対しては無関心と不信感という二重的心理状態を持つ市民が多い。これは、政党が一般市民社会の中でその機能を果たせなかった結果だと考えられる。政党、社会、市民はそれぞれ別の主体ではない。政党は一般市民が生活している社会の中の複数の主体の一つである。これは、韓国も政党が日常的な生活の中で主体としてその役割果たさなければならず、そのような脈絡で市民と社会を対象にした政治教育ひいては民主市民を養成する機関としての役割が求められる。韓国の現政治環境と今後の南北統一を前後した韓国社会環境を考慮すれば、スウェーデンの政党の政治社会化機能は韓国の政党社会に示唆するところが大きい。

VI 結論

　韓国では、まだ民主市民教育が体系的に実施されていると見ることはできない。それには、制度の未完成、民主市民教育に対する正しい理解の不足などいくつか理由がある。それにもかかわらず、最近になり、民主市民意識に対する関心と、韓国社会で民主市民教育がなぜ必要かに対する国民的な雰囲気や共感が形成されている。これは逆にいえば人々が今まで家庭、学校において民主市民として備えなければならない価値観をきちんと学習しておらず、家庭、学校が教育してこなかった結果と言える。

　民主市民意識は、ある時期が到来すれば一定の水準になるのではなく、学習、経験、自覚の繰り返しの中で次第に形成されてゆくものであり、根源的に家庭や学校教育にだけ依存できない。家庭、学校、社会、政府の次元で役割を分担し、有機的に推進しなければならない。特に家庭は、心身の調和のとれた発達と人格形成の基礎を養うところである。人間として生活するのに必要な素養と資質を育成していく場所であると同時に、民主市民教育において最も重要であり、しかも第1次段階的な教育場所である。本書では、家庭教育の重要性について特に強調した側面がある。父母や保護者は責任を持って幼児期から成人になるまで、民主市民として育成するよう努力しなければならない。また政府や地方自治体などは、保護者の学習の機会および情報提供や、恵まれない家庭に対

する支援・管理など、すべての家庭が健全な環境で円滑な家庭教育が行われるように多角的な支援システムを構築しなければならない。

国ごとに民主市民教育の実施背景、目標、内容などは異なる。しかし、民主市民教育の目的が、個人が感じる生活満足度とは別に、共同体構成員の「生活の質」を最大化させるための手段として活用することにあるのは、どの国も大きく変わらない。追求すべき価値が少しずつ異なる場合もあるが、根本的には民主市民としての資質を育てる共同体の中で、民主市民としての役割を果たすことができる能力を育てることが最終目標である。本研究でも、韓国の政治・社会・教育などの分野でこの目標を効率的に実現するための方策を考え、その最適案を導き出そうとこころみた。次の五点を結論とする。

第一に、民主市民教育と関連した制度の体系的な法制化を土台にした推進が重要である。民主市民教育を実施しなければならない法的根拠、それに伴う行政組織と予算が裏づけされてこそ、民主市民教育の推進動力を確保することができるからである。

第二に、民主市民教育は国民・市民の共感や社会的合意を得られる思想に基づき推進されなければならない。どんな内容の教育をなぜ行うべきかに対する国民・市民の理解がなければ、一方向の啓蒙教育になるだけである。韓国の憲法精神にに合致しているか、この時代に要求されている精神が盛り込まれているのか、民主市民としての資質を育てるのに適したカリキュラムなのか、政治色は帯びていないかを吟味し、実施する妥当性について社会的合意を引き出さなければなら

ない。

　第三に、民主市民教育においては、時代の流れに合致する市民を育成することに重点を置かなければならない。世界は経済など外形的分野だけのグローバル化だけでなく内面的価値も共有していく。世界の中でその時代に要求される価値に応える市民の育成は、韓国の国家ブランドを高めるだけでなく、国家発展のための重要な時代的使命である。

　第四に、統一に備え統一後を考慮しなければならない。そうしてこそ統一過程と統一後に発生する問題に対する解決策の準備において、民主市民教育に内外的な社会統合の役割を期待できる。

　第五に、公共機関、地域社会、市民団体などが相互に有機的な枠組みの下に連携し、専門的・体系的に中長期的な次元で推進しなければならない。それぞれの公共機関などによって個別的・散発的に実施するだけでは、民主市民教育の活性化や定着段階に進むのに限界がある。

　特に強調したいのは、人々が社会、国家、世界で発生する様々な現象を共同体の構成員であり当事者としてとらえる問題意識を持つことが、何より重要であるということである。民主市民意識は、そこから出発すると言っても過言ではない。民主市民教育は、そのような問題意識を持つ見識を育て、さらに問題解決能力を育成する手段であり、プロセスであるからである。

　「私が他人に要求している民主市民意識水準と、私が実践している民主市民意識の水準は同じ高さにあるか」を自問しつつ、以上を本研究の結論とする。

あとがき

　昔皆さんは学校や会社で生徒会や組織に属しているとか、クラス会議や討論授業に参加したことがあるはずだ。このような活動は民主市民教育の一部である。

　皆さんはこのような活動を通じて自分の意見を表現して、他人の意見を聞いて、共感して、批判して、合意して、決めて、行う過程を経験している。このような過程は、民主的な社会で必要な基本的能力である。

　また、皆さんは学校や会社の外でも民主市民教育の例示をみることができる。例えば、皆さんの関心がある社会的問題について、インターネットや専門書で情報を探したり、友達や家族と意見を交わして、オンラインコミュニティやSNSで討論や投票するなどの活動も民主市民教育の例示である。このような活動を通じて皆さんは社会に対する関心と責任感を持って、多様な立場と観点を理解し、自分の権利と義務を遂行する方法を学ぶようになる。

　民主市民教育は、市民が民主主義の原則と価値を理解して、自分の権利と義務を認識し、社会的問題に関心を持って参加して、解決する能力を育てる教育である。

　すなわち、民主市民教育とは、現在の社会的問題や論争の種について自分の意見を表現し、他人の意見を尊重しながら批判的とや分析をして、合理的に論議する練習をする。

　また、自身が属す共同体や社会について調査して、その中

で発生する問題や課題を把握し、解決策を提案して、実践する計画を立てる。

　さらに、多様な背景と経験を持った人々と疎通して、協力して、共感して、気配りする態度と技術を学んで、実践する。私が思う民主市民教育のキーワードは、「参加、疎通、協力、共同の利益」である。

　また、韓国では2017年3月、朴槿恵大統領弾劾が成立した以後、民主主義の価値が社会・文化的に拡大した。2019年末には公職選挙法改正案が通過したが、主な内容の一つとして18歳選挙権が導入され、2020年4月15日第21代総選挙を起点に2002年4月16日を含む以前に生まれた高校3年生から選挙と選挙運動参加が可能になった。このような時代的流れにより、最近の学校現場では、学校民主主義、学校民主化、学校自治、教育自治など民主主義に関連する用語があちらこちらで多様に使用されている。

　本書を通じて、韓国における民主市民教育のあり方を理解してほしいという期待感を込めて「あとがき」を終えることにする。最後に、本書の執筆にあたってアドバイスしてくれた韓国中央選挙管理委員会の朴鍾真さんと、日本などの事例をアドバイスしてくれた浜本宏先生をはじめ、本書を出版してくれた博英社に感謝の意を伝えたい。

参考文献

カン・ヨンヘ他（2011年）「民主市民教育活性化方策研究」韓国教育開発院.

コ・ソンギュ（2014年）「学校の教科で政治・選挙学習内容と民主市民教育」韓国社会科授業学会.

グヮク・ビョンソン他（1994年）「民主市民教育：民主市民資質向上を支援する韓国教育の課題」韓国教育開発院.

キム・ギヒョン（2011年）「持続可能な民主市民教育発展案」『社会統合と民主市民教育の討論会及びワークショップ』

キム・ハンギュ(2009年)「韓国の状況と民主市民教育：必要性や課題」『韓国学論集』第38集.

パク・ソンヨン（2007年）「統合教科を通じた英国の市民教育」『民主市民教育の戦略と課題』ソウル：オルム, pp.213-244.

同　上（2011年）「英国の青少年政策と市民教育考察」『青少年文化フォーラム』Vol.26, pp.67-90.

ベ・ヨンジュ（2013年）「世界市民の役割課題を中心とした世界市民教育の再構想」『教育科学研究』第44集第2号.

シン・ドゥチョル（2010年）「韓国国家機関の民主市民教育の実態と制度化」『2010年韓国民主市民教育共同セミナー資料集』

同　上（2012年）「なぜ私たちは今民主市民教育を言うのか」プレシアン, 民主市民教育ガバナンス, 市民社会団体連帯会議の民主市民教育活性化委員会の共同主催『民主市民教育の活性106韓国の

民主市民教育Ð化に向けた制度化案に対する第18代大統領候補招
請討論会』ソウル, 11月9日.

シン・ヒョンシク（2012年）「市民社会と民主市民教育」『韓国民主
市民教育学会報』第13冊第2号.

シム・イクソプ（2008年）「民主市民教育の必要性と接近方法」『済
州特別自治道民主市民教育支援条例制定に向けた政策討論会の
資料集』

イ・ギョンヒ（2010年）「民主市民教育と国家発展」『ソソク社会科
学論叢』第3集2号（通巻第6号）.

イ・ヘジュ（2010年）「市民教育の意味と方法」『ソウル：民主化運
動記念事業会』

ジャン・ソンファ（2014年）「スウェーデンの市民政治教育と政党
の役割」『欧州研究』第32冊1号.

ジャン・ヨンス（2008年）「1948年憲法制定の歴史的意味」高麗大
学校法学研究所.

ジャン・ヨンホ（2007年）「常識と公共性概念に基づいた民主市民
教育案」『韓国民主市民教育学会報』

チョン・ジェウォン（2013年）「英国の市民教育制度化に関する研究」

チャ・ミョンゼ（2003年）「民主市民教育と韓国の危機状況」市民
社会フォーラム, 中央日報.

チョ・チャンレ（2012年）「民主市民教育」『韓国民主市民教育学会
報』第13冊第2号.

チョン・ハユン（2014年）「韓国民主市民教育の制度化の過程と争
点-法制化をめぐった主体の利害関係を中心に-」『未来政治研
究』第4巻第1号.

ホ・スミ（2010年）「市民社会の特性と市民性教育の方向」『社会科
学教育研究』第7巻第4号.

ホ・ヨンシク（2004年）「民主市民教育制度化方策についての一考」『韓国政治教育の現況と未来』選挙研修院シンポジウム資料集

同　上（2006年）「現代社会の市民教育：理論と実際」ウォンミ社.

同　上（2008年）「民主市民教育の争点と発展方向」『選挙研修院のウェブジンソウル』11月

ファン・ギョンシク（1998年）「理論と実践」『ソウル：哲学と現実史』

中央選挙管理委員会（2011年）「外国の民主市民政治教育実施状況」『海外通信員指定課題』第2011-4号.

同　上（2013年）「民主市民政治教育の実施の法的根拠及び運営実態」『海外通信員指定課題』第2013-3号.

同　上（2014年）「各国の民主市民教育プログラム」『海外研究官指定課題』第2014-7号.

同　上（2015年）「フランス・ドイツの民主市民教育現場調査結果報告書」

忠南大学産学協力団（2011年）「各国の民主市民教育制度および関連法案研究」

韓国精神文化研究院（1991年）「韓国民族文化大百科」

Appiah.A.（2008年）Cosmopolitanism: Ethics in a World of Strangers, 実践哲学研究会訳（2006年）『世界市民主義』, ソウル：バイブックス.

Giddens, A.（1998年）The Third Way: The Renewal of Social Democracy

ハン・サンジン，パク・チャンウク訳（2010年）『第3の道』センガクナム.

Heater, Derek（1990年）Citizenship: The Civic Ideal in World History, Politics and Education, London: Longman.

QCA（Qualification and Curriculum Authority 1998年）, Education for citizenship and the teaching of democracy in school: final report of the advisory group on citizenship, London.

Weinbrenner, P.（1999年）Inhaltsauswahl, Richter, D, and Weisseno, G.(eds.). Didaktik und Schule.Lexikon der politischen Bildung. BD.1.Schwalbach/Ts.;Wochenschau, pp.108-111.

金　世徳

1970年　韓国生まれ
2005年　神戸大学大学院国際協力研究科博士後期課程修了
　　　　　（政治学博士）
現　大阪観光大学観光学部教授
著書　「韓国における『民主市民教育』に関する一考察」
　　　　『大阪観光大学紀要』第19号，2019年
　　　　『平成時代の日韓関係：楽観から悲観への三十年』共著，
　　　　　ミネルヴァ書房，2020年
　　　　『韓国現代政治：中央集権から地方分権への道』博英社，2024年

韓国の民主市民教育

初版発行　2024年1月31日

著　者　金　世徳
発行人　中嶋　啓太

発行所　博英社
　　　　〒370-0006 群馬県 高崎市 問屋町 4-5-9 SKYMAX-WEST
　　　　TEL 027-381-8453 / FAX 027-381-8457
　　　　E·MAIL hakueisha@hakueishabook.com
　　　　HOMEPAGE www.hakueishabook.com

ISBN　　978-4-910132-56-3

© 金 世徳, 2024, Printed in Korea by Hakuei Publishing Company.

＊乱丁·落丁本は、送料小社負担にてお取替えいたします。
＊本書の全部または一部を無断で複写複製(コピー)することは、著作権法上での例外を除き、禁じ
　られています。

定　　価　　2,420円 (本体 2,200円)